DISCLAIMER

The author and publisher are providing this book and its contents on an "as is" basis and make no representations or warranties of any kind with respect to this book or its contents. The author and publisher disclaim all such representations and warranties, including but not limited to warranties of merchantability. In addition, the author and publisher do not represent or warrant that the information accessible via this book is accurate, complete, or current.

Except as specifically stated in this book, neither the author nor publisher, nor any authors, contributors, or other representatives will be liable for damages arising out of or in connection with the use of this book. This is a comprehensive limitation of liability that applies to all damages of any kind, including (without limitation) compensatory; direct, indirect, or consequential damages; loss of data, income, or profit; loss of or damage to property; and claims of third parties.

BESTACTIVITYBOOKS.COM

FIRST EDITION - Published 2022

Extra Graphic Material From: www.freepik.com
Thanks to: Alekksall, Starline, Pch.vector, Rawpixel.com, Vectorpocket, Dgim-studio, Upklyak, Macrovector, Stockgiu, Pikisuperstar & Freepik.com Designers

This Book Comes With Free Bonus Puzzles

Available Here:

BestActivityBooks.com/WSBONUS20

5 TIPS TO START!

1) HOW TO SOLVE

The Puzzles are in a Classic Format:

- Words are hidden without breaks (no spaces, dashes, ...)
- Orientation: Forward & Backward, Up & Down or in Diagonal (can be in both directions)
- Words can overlap or cross each other

2) ACTIVE LEARNING

To encourage learning actively, a space is provided next to each word to write down the translation. The **DICTIONARY** allows you to verify and expand your knowledge. You can look up and write down each translation, find the words in the Puzzle then add them to your vocabulary!

3) TAG YOUR WORDS

Have you tried using a tag system? For example, you could mark the words which have been difficult to find with a cross, the ones you loved with a star, new words with a triangle, rare words with a diamond and so on...

4) ORGANIZE YOUR LEARNING

We also offer a convenient **NOTEBOOK** at the end of this edition. Whether on vacation, travelling or at home, you can easily organize your new knowledge without needing a second notebook!

5) FINISHED?

Go to the bonus section: **MONSTER CHALLENGE** to find a free game offered at the end of this edition!

Want more fun and learning activities? It's **Fast and Simple!**
An entire Game Book Collection just **one click away!**

Find your next challenge at:

BestActivityBooks.com/MyNextWordSearch

Ready, Set... Go!

Did you know there are around 7,000 different languages in the world? Words are precious.

We love languages and have been working hard to make the highest quality books for you. Our ingredients?

A selection of indispensable learning themes, three big slices of fun, then we add a spoonful of difficult words and a pinch of rare ones. We serve them up with care and a maximum of delight so you can solve the best word games and have fun learning!

Your feedback is essential. You can be an active participant in the success of this book by leaving us a review. Tell us what you liked most in this edition!

Here is a short link which will take you to your order page.

BestBooksActivity.com/Review50

Thanks for your help and enjoy the Game!

Linguas Classics Team

1 - Antiques

K	Z	M	E	C	I	R	P	X	M	W	H	P	H	G	Z
U	O	X	B	U	H	E	R	O	C	S	E	V	Z	W	A
B	K	W	P	K	I	I	U	M	V	E	M	S	D	P	Z
W	O	F	K	H	O	A	K	I	T	I	H	C	O	W	A
E	N	K	M	A	K	A	Z	O	W	M	G	N	R	J	M
R	G	L	N	L	K	D	Y	U	N	O	K	O	Y	Z	B
E	O	M	K	I	T	O	G	W	D	G	D	A	I	K	I
T	L	I	H	D	Q	O	D	D	M	W	O	C	I	U	R
S	A	P	A	W	E	W	D	I	L	A	H	K	A	Z	I
A	K	A	N	E	L	A	K	A	C	B	P	E	I	W	R
M	A	M	I	K	S	L	Q	Z	T	K	Q	K	A	B	E
T	Z	B	V	Z	O	Y	E	N	E	R	A	U	S	R	J
E	A	O	A	T	W	Y	R	E	L	L	A	G	M	O	E
N	K	Z	L	Y	T	N	D	O	N	D	O	M	E	K	O
G	A	G	U	U	O	W	L	Z	J	X	K	M	F	U	E
O	Z	C	E	Z	P	A	Y	M	W	G	K	Y	C	V	T

ART
MNKHANI
ZOYENERA
ZAKA ZAKA
KODI
ZAKA
ZOKONGOLA
ZAKHALIDWE
WOCHITIKA
MIPAMBO
GALLERY
NDONDOMEKO
AKALE
PRICE
UKHALIDWE
KUBWERETSA
CHIKONGO
MTENGO
ZAZAMBIRIRE
VALUE

2 - Food #1

P E Y A L A I T K D P E Z S A V
X Z C I I Z N A A W E E M I P D
K L S Y S L O Z R J A W A P U X
M L U U A X M Q O I N V N I R M
D A K N B H A G T R U K D N I R
T W M Q T E N D I E T X I A K V
U K H W U D N A Y B S U M C O D
R K K O N U I G E O C A U H T K
N O M H A H H U L R M A L I I W
I S B C M B C T A I F K T A M O
P W J A T I Z G B T K U A B D J
I D O N U L M X N I P K K K D Q
B A A Y N F X A O S J U Z A A R
M M K E D N D C M G K H Z W E J
B S J Z U M S U U H S S Y L X I
T J Y I B C N M C H E R E P D B

APURIKOTI
BALEY
BASIL
KAROTI
CHINNAMONI
ADYO
MTUNDU
MANDIMU
MKAKA
ANYEZI
PEANUT
PEYALA
SALAD
MCHERE
MSUU
SIPINACHI
SITIROBERI
SHUKUKA
TUNA
TURNIP

3 - Measurements

C	G	H	K	K	V	B	R	W	E	L	K	O	K	L	L
S	E	C	W	U	U	T	P	S	H	I	I	U	U	C	B
M	T	N	O	T	L	S	E	W	S	T	L	N	B	Q	S
I	Y	I	T	H	A	E	D	F	X	E	O	C	W	M	K
N	B	D	P	T	M	K	M	E	U	R	M	E	I	P	P
U	B	C	T	G	I	S	U	E	L	A	E	I	R	I	J
T	J	V	N	N	C	M	Y	Z	R	P	T	D	I	B	X
E	F	E	V	E	E	N	E	K	A	A	E	O	R	D	V
M	A	S	I	L	D	P	C	T	K	M	R	J	A	P	T
U	H	Q	R	Q	H	O	F	X	E	A	A	F	T	R	K
L	T	O	V	C	V	O	V	W	K	R	E	T	E	M	Y
O	N	V	H	I	R	C	O	R	X	G	R	A	M	X	H
V	I	Y	A	I	D	V	Y	F	W	O	L	S	Z	Q	T
H	S	Q	A	D	I	G	I	R	I	L	E	V	Z	D	S
D	U	V	J	W	F	N	S	O	Q	I	M	Z	J	O	W
C	K	X	F	R	P	I	J	Q	Y	K	Y	V	X	Z	R

BYTE
CENTTIMETER
DECIMAL
DIGIRI
KUZAMA
GRAM
KUSINTHA
INCH
KILOGRAM
KILOMETER
LENGTH
LITER
MASI
METER
MINUTE
OUNCE
TON
VOLUME
KULEMERA
KUBWIRIRA

4 - Farm #2

P	K	J	A	K	Y	K	I	C	K	E	H	S	M	G	P
L	Q	Z	U	D	Z	U	M	W	H	V	N	D	L	A	D
T	L	V	R	S	O	T	W	D	N	I	O	C	I	S	V
A	D	A	J	Z	J	H	Y	Q	N	H	P	I	M	B	I
L	B	K	M	E	S	I	E	S	G	E	M	A	I	Q	Z
A	J	A	M	A	D	R	S	V	M	E	G	S	T	G	P
K	M	K	B	Y	S	I	W	Y	R	B	L	O	A	S	M
A	A	M	U	D	D	R	A	H	C	R	O	H	K	C	O
L	D	W	S	U	D	A	C	N	S	W	Z	K	S	H	B
A	Z	Y	A	K	U	I	Z	R	Q	W	H	N	J	I	A
J	U	O	C	A	V	T	M	A	S	A	M	B	A	M	L
F	L	T	K	H	L	H	I	B	A	K	H	A	O	A	E
A	O	G	U	C	U	L	P	R	N	Y	A	M	A	N	Y
W	I	N	D	M	I	L	L	T	I	H	H	F	O	G	A
R	M	J	T	L	O	I	P	G	H	G	M	L	X	A	E
V	W	R	C	K	O	J	R	B	T	J	U	N	F	E	Y

NYAMA
BALEY
BARN
BEEHIVE
CHIMANGA
BAKHA
MLIMI
CHAKUDYA
CHIPATSO
KUTHIRIRA
LLAMA
MADZULO
MKAKA
ORCHARD
NKHOSA
M'BUSA
TALAKALA
MASAMBA
TIRIGU
WINDMILL

5 - Books

C	K	M	P	I	B	N	D	V	A	Q	E	T	Z	P	Z
O	Z	D	S	E	D	X	O	G	W	R	A	S	O	C	O
R	W	C	S	J	B	Y	N	V	D	F	Z	A	S	T	C
A	R	E	N	E	Y	O	Z	J	E	B	I	M	A	Z	H
D	B	U	R	O	H	T	U	A	B	L	R	B	N	O	I
E	C	L	C	E	U	U	W	H	M	Z	I	A	G	T	T
A	P	P	C	C	N	P	A	K	E	T	S	O	A	H	I
H	M	I	N	F	T	G	M	H	L	P	T	H	L	A	K
Q	G	E	C	K	M	H	A	A	O	Y	O	B	A	N	A
N	K	H	A	N	I	O	O	L	Z	Z	W	W	T	D	B
I	B	P	V	M	A	Y	T	I	L	A	U	D	S	I	M
Z	O	W	A	T	S	A	M	D	O	T	M	E	A	Z	E
Z	A	M	B	I	R	I	Y	W	L	W	A	P	Y	A	L
W	S	R	W	B	H	X	W	E	A	I	Z	I	F	L	O
Z	C	K	U	S	O	N	K	H	A	N	I	T	S	A	Z
N	D	A	K	A	T	U	L	O	H	Z	W	M	P	J	W

ZOCHITIKA
AUTHOR
KHALIDWE
KUSONKHANITSA
DUALITY
EPIC
ZA MBIRI
ZOSANGALATSA
ZOTHANDIZA
ZOLEMBA
WOTSIRIZA
NOVELI
TSAMBA
NDAKATULO
OWERENGA
ZOYENERA
NKHANI
ZOWATSA
MAWU
ZOLEMBEDWA

6 - Meditation

C	G	A	N	O	U	K	K	A	F	A	A	Z	R	O	K
K	H	T	D	A	T	O	B	U	G	G	G	I	A	B	U
U	L	I	C	H	E	T	E	Z	L	Z	O	N	S	E	P
Y	G	H	F	U	E	E	T	L	G	A	B	E	I	Z	U
A	K	C	X	U	B	N	K	B	I	W	N	W	O	I	M
M	J	O	U	A	N	P	M	R	H	I	M	D	Z	J	A
I	P	Z	R	Z	J	D	Y	M	O	Z	A	E	I	E	G
K	Z	D	E	G	Z	K	O	L	W	D	G	G	G	R	S
I	N	A	W	A	G	T	X	H	Z	U	A	N	N	E	A
R	S	Y	K	U	Y	E	N	D	A	K	N	E	A	D	E
A	A	R	I	Z	N	U	H	P	U	K	I	L	L	N	M
Z	O	E	W	M	E	W	M	I	H	C	Z	I	A	E	R
H	P	O	I	Q	B	K	N	J	K	B	O	H	M	T	A
T	Q	F	V	N	V	O	Q	B	I	W	F	C	W	M	T
H	U	Q	J	M	M	A	L	I	N	G	A	L	I	R	O
D	Z	I	W	A	N	I	I	Z	I	A	Z	W	J	P	F

KULANDIRA
GAWANI
KUPUMA
DZIWANI IZI
CHIFUNDO
ZONSE
KUYAMIKIRA
ZOCHITA
CHIMWEMWE
KUDZIWA
M'MALINGALIRO
MALANGIZO
KUYENDA
NYIMBO
CHILENGEDWE
MTENDERE
KUONA
CHETE
MAGANIZO
KUPHUNZIRA

7 - Days and Months

I	O	L	V	F	I	V	Z	J	K	J	H	G	T	X	J
Q	C	A	V	K	V	S	Y	R	A	U	R	B	E	F	Z
O	T	M	C	R	D	M	B	J	L	Q	B	U	V	J	T
Q	O	U	G	S	D	M	A	Y	E	A	P	R	I	L	L
B	B	L	S	B	E	E	S	B	N	S	Q	E	Z	F	A
L	E	U	U	T	T	Q	E	U	D	C	B	B	E	A	C
L	R	N	N	X	R	P	L	Z	A	U	B	M	W	U	H
L	S	G	A	Y	Z	J	H	R	K	X	X	E	M	T	I
A	A	U	S	C	J	A	N	U	A	R	Y	T	H	A	W
U	B	C	I	U	V	V	C	G	H	I	M	P	U	T	I
G	M	A	H	P	T	U	I	N	C	M	C	E	U	I	R
U	E	U	C	I	Y	G	X	U	J	P	D	S	B	H	I
S	L	X	A	H	N	F	L	L	Q	U	M	A	R	C	H
T	O	X	L	U	P	A	K	M	O	M	L	E	U	A	Y
L	L	N	O	V	E	M	B	E	R	V	D	Y	H	L	I
E	N	M	Y	M	R	X	B	V	W	C	Q	K	B	H	D

APRIL
AUGUST
KALENDA
FEBRUARY
LACHISANU
JANUARY
JULY
MARCH
MAY
LOLEMBA
MWEZI
NOVEMBER
OCTOBER
LACHITATU
SEPTEMBER
LAMULUNGU
LACHINA
LACHIWIRI
MLUNGU
CHAKA

8 - Energy

E	U	A	E	A	G	U	N	J	N	P	T	M	F	K	Z
Y	L	R	N	K	R	A	E	L	C	U	N	O	D	U	O
H	R	E	Y	B	O	K	S	Q	M	L	S	T	Y	Y	W
P	O	H	K	K	E	H	U	O	M	L	X	O	Z	I	O
N	I	C	C	T	O	E	K	I	L	C	D	R	A	Y	N
E	K	U	X	N	R	F	J	N	M	I	L	W	H	A	J
E	L	K	N	P	J	O	S	D	P	Y	N	Z	A	N	E
N	T	E	P	D	P	K	N	U	H	U	F	E	R	I	Z
T	J	K	C	C	N	I	R	S	E	V	E	N	O	T	E
R	B	J	M	T	P	Z	Q	T	P	P	A	I	J	S	D
O	T	O	H	P	R	D	N	R	O	O	G	G	I	A	W
P	A	J	G	B	L	I	I	Y	M	W	Y	N	N	Y	A
Y	D	I	Z	I	L	O	C	X	C	E	B	E	I	K	F
B	A	T	I	R	I	M	A	F	U	T	A	E	H	B	T
K	A	B	O	N	A	N	I	N	T	C	H	I	T	O	W
Y	N	S	A	D	J	Q	Q	G	V	P	H	J	R	G	P

BATIRI
KABONANI
DIZILO
ELECTRIC
ELEKTRON
ENGINE
ENTROPY
DZIKO
MAFUTA
GASOLINE
KUCHERA
ZA HAROJINI
INDUSTRY
MOTOR
NUCLEAR
PHOTO
KUYIYANITSA
ZOWONJEZEDWA
NTCHITO
MPHEPO

9 - Archeology

V	Y	D	O	K	W	T	M	A	F	U	P	A	E	F	U
K	I	I	S	K	O	E	L	A	K	A	F	W	R	I	Y
R	V	H	A	N	F	M	E	D	Z	L	Z	K	Y	E	R
Y	C	J	D	B	U	P	C	I	R	B	T	U	V	J	I
T	A	P	Z	C	F	L	I	S	S	O	F	D	A	Y	K
W	L	Z	I	X	U	E	L	D	C	N	J	I	A	P	Q
O	A	C	W	O	Z	D	E	P	J	Y	X	Z	Y	V	C
T	L	T	A	Z	A	G	R	W	X	Z	L	J	L	V	H
S	A	U	X	I	I	K	B	B	I	T	X	L	L	C	I
I	G	K	C	R	B	N	U	H	L	L	I	M	M	S	N
T	N	U	F	I	Q	K	T	N	X	A	D	N	A	M	S
S	A	L	A	W	I	Y	A	H	T	Z	R	E	S	T	I
A	S	U	E	S	Z	A	G	E	U	E	D	O	E	J	N
M	U	U	X	T	Y	G	O	N	D	P	A	G	Y	E	S
O	K	W	J	A	A	Y	N	U	H	O	P	M	U	X	I
Q	C	R	D	K	G	D	A	W	F	Z	N	Q	K	F	O

KUSANGALALA
AKALE
MAFUPA
TUKULU
WOTSITSA
ERA
KUYESA
KATSWIRI
ZOPEZA
AYIWALA
FOSSIL
ZIDUKWA
CHINSINSI
ZINTHU
RELIC
WOFUFUZA
TEAM
TEMPLE
MANDA
OSADZIWA

10 - Food #2

C	T	T	B	T	I	E	L	S	B	Y	X	E	I	V	N
H	C	I	K	B	B	O	W	A	B	Z	J	F	R	G	T
O	H	R	L	C	I	F	Y	K	R	L	P	F	A	U	H
K	E	I	P	M	S	R	B	U	R	O	K	O	L	I	O
O	R	G	R	E	O	V	I	C	H	E	E	S	E	A	C
L	I	U	M	M	L	Q	S	N	A	S	G	C	S	T	H
E	T	L	C	R	U	M	H	K	G	J	I	X	T	I	I
T	C	I	H	R	P	J	U	I	N	A	Y	C	P	T	R
I	D	Y	A	Q	A	L	K	W	U	E	N	B	Q	C	Z
Q	O	T	S	Z	E	K	U	I	P	Z	U	Y	X	H	I
D	Y	H	O	S	T	A	H	P	M	U	Y	L	A	O	L
S	A	K	H	M	N	C	K	N	S	O	M	B	A	K	E
U	X	P	K	Z	A	C	N	N	A	Z	E	W	O	U	M
H	J	H	N	F	G	T	G	H	U	V	P	G	C	A	W
Y	O	G	U	R	T	J	O	X	H	N	H	T	G	C	L
X	S	R	H	L	N	J	N	W	I	O	P	P	E	F	U

APULOSI
ATITCHOKU
NTHOCHI
BUROKOLI
SELARI
CHEESE
TCHERI
NKHUKU
CHOKOLETI
EGG

BIRINGANYA
NSOMBA
MPHATSO
NKHOSA
KIWI
BOWA
MPUNGA
TOMATO
TIRIGU
YOGURT

11 - Chemistry

K	U	L	I	Q	U	I	D	A	L	K	A	L	I	N	E
W	U	E	N	F	N	X	W	C	W	I	W	G	T	O	M
N	Q	Z	A	V	U	A	K	F	K	N	I	E	M	K	Y
G	D	L	G	W	C	C	E	A	W	I	U	S	J	S	N
N	C	Z	I	K	L	I	I	Y	B	J	G	I	X	D	N
K	J	P	S	Z	E	D	A	Z	U	O	W	R	O	U	E
K	U	W	K	W	A	B	K	I	C	R	N	S	Z	G	M
J	F	C	O	Y	R	T	B	N	H	A	K	A	A	O	O
I	H	K	H	H	N	S	K	T	L	H	U	Z	N	C	L
Q	Y	I	G	E	O	Y	U	H	O	A	C	Q	V	I	E
M	A	V	N	U	R	L	L	U	R	Z	H	I	O	N	K
I	C	B	O	T	T	A	E	K	I	F	U	F	P	A	U
S	N	H	B	X	K	T	M	J	N	C	L	K	L	G	K
D	Y	C	E	T	E	A	E	S	E	E	U	O	P	R	U
H	Y	L	Y	R	L	C	R	C	J	P	K	T	P	O	L
G	L	Q	T	F	E	F	A	A	R	M	A	I	O	N	U

ACID
ALKALINE
KABONANI
CATALYST
CHLORINE
ELEKTRON
ENNYME
GESI
KUCHERA
ZA HAROJINI
ION
LIQUID
ZINTHU
MOLEKUKULU
NUCLEAR
ORGANIC
OKSIGANI
MCHERE
KUCHULUKA
KULEMERA

12 - Music

```
N D A K A T U L O H I C J R T W
C G R O C K M I E B R N V T E O
L V E N H Q U O N B G B A V M Y
A Q P X I W G K O I J M B N P I
S W O L Y B Q C H L K A N F O M
S Z A Q A T L C P A L W X W Y B
I I H E M D B J O C L U D S E I
C N N R B V A T R H A I R I K L
A Y F H I L L D C O R N T Q R A
L I R Y U A L L I R Z A H S G E
U M P T S K A Y M U Q B Z Q A Z
R B L H L Q D R D S F M U B L A
U O Y M C H Z I M O C I W K Z M
W O Y I M B A C I J L Y H K V T
E X E C T I C A D Y X E C F U O
X N R I K B Q L Z S H J M L R C
```

ALBUM
BALLAD
CHORUS
CLASSICAL
EXECTIC
ONANI
CHIYAMBI
LYRICAL
MELODY
MICROPHONE

ZINYIMBO
WOYIMBILA
OPERA
NDAKATULO
KUKHALITSA
RHYTHM
YIMBANI
WOYIMBA
TEMPO
MAWU

13 - Family

M	W	A	N	A	V	W	O	S	I	I	O	W	M	M	W
K	U	N	D	Y	A	L	A	N	W	C	L	H	K	Z	Z
V	S	Z	E	A	U	K	G	P	W	Q	G	H	A	U	F
W	J	A	G	K	N	L	A	F	H	N	V	Z	Z	K	N
R	T	P	T	P	T	I	I	M	U	Z	S	S	I	U	P
J	P	F	X	L	U	R	V	Z	A	M	A	Y	I	L	J
N	I	C	E	O	G	O	G	A	O	K	Z	F	Y	U	G
Z	X	I	E	B	A	B	B	L	Q	F	V	Q	A	E	A
V	Q	K	M	M	V	O	S	A	E	P	Z	B	M	J	M
Q	E	D	B	A	C	L	E	I	M	W	A	M	U	N	A
U	K	E	U	B	X	O	P	E	S	M	Q	I	N	B	V
A	W	C	T	M	J	K	F	M	E	T	A	T	A	N	J
A	K	A	I	X	W	A	Y	U	B	M	E	L	A	B	M
W	E	X	N	N	Y	M	N	L	M	O	S	R	T	Q	S
N	Q	W	E	A	L	T	O	A	A	E	L	X	Z	I	W
L	E	O	C	O	I	B	T	M	G	D	Q	Z	R	U	V

MAKOLO
AUNT
M'BALE
MWANA
UWANA
ANA
MZALA
MBUTI
ATATE
AGOGO
MZUKULU
MWAMUNA
AMAYI
MAYI
MBUYA
NICE
BAMBO
SISTER
MALUME
MKAZI

14 - Farm #1

Q	F	C	I	T	W	D	X	U	G	K	U	L	A	G	E
Y	E	N	Z	X	H	A	Z	B	M	H	L	U	M	T	P
K	R	E	U	L	U	B	P	A	B	W	I	H	C	U	M
Z	T	W	B	T	L	I	F	M	E	A	M	P	Y	U	A
M	I	N	M	B	U	S	U	R	W	N	I	I	J	G	D
G	L	W	O	T	G	O	D	J	U	G	H	N	S	Y	Z
P	I	E	L	A	D	N	A	P	M	W	C	K	A	G	I
L	Z	N	R	C	E	D	A	F	I	A	T	H	Q	S	O
T	E	Z	G	M	P	U	N	G	A	L	A	U	V	N	J
W	R	P	L	O	S	T	W	V	E	A	H	K	C	N	Z
K	R	G	E	E	M	D	S	O	X	F	F	U	L	K	W
Q	J	A	P	E	Z	B	C	L	V	T	Z	P	I	Z	I
O	M	O	K	B	T	U	E	D	T	O	V	S	S	U	B
O	P	A	O	M	F	A	L	K	D	W	H	A	Y	N	J
W	X	U	L	E	L	U	R	X	Y	G	S	A	C	C	N
P	T	H	J	O	S	U	N	S	R	J	M	N	G	R	D

ULIMI
BEE
BISON
CAT
NKHUKU
NG'OMBE
KHWANGWALA
GALU
BULU
MPANDA
FERTILIZER
MALO
GULU
MBUZI
HAY
UCHI
HATCHI
MPUNGA
MBEWU
MADZI

15 - Camping

M	T	E	N	G	O	P	M	O	O	U	B	H	S	C	C
X	Y	W	G	H	E	Q	L	K	D	E	O	E	B	O	H
Z	O	C	H	I	T	I	K	A	H	P	V	M	X	M	I
K	A	M	P	T	R	C	E	E	T	A	O	K	N	P	N
Z	U	S	L	O	G	N	A	H	T	N	M	R	N	A	E
O	K	P	I	H	C	J	V	E	X	O	E	M	I	S	N
S	L	J	E	C	T	H	J	O	M	W	W	T	O	S	G
A	E	L	I	Z	E	W	M	W	I	P	D	C	T	C	A
N	I	B	A	C	A	J	N	A	Y	N	E	A	O	N	K
G	G	B	P	T	K	O	C	D	I	W	G	N	M	Y	A
A	I	D	A	K	G	Z	J	Z	M	T	N	O	T	A	C
L	S	F	K	R	Z	Q	W	O	A	Z	E	E	F	M	C
A	V	B	L	T	I	R	I	H	P	B	L	C	F	A	J
L	R	S	K	Q	J	T	G	Z	F	E	I	P	W	Q	U
A	D	F	F	X	Y	Z	H	C	C	W	H	B	C	H	F
T	I	Z	I	N	Y	A	M	A	T	A	C	W	U	V	Y

ZOCHITIKA
NYAMA
CABIN
CANOE
COMPASS
MOTO
NTHANGO
ZOSANGALALA
HAMMOCK
CHOTI
KUPEZA
TIZINYAMATA
NYANJA
MAP
MWEZI
PHIRI
CHILENGEDWE
CHINENGA
TENTA
MTENGO

16 - Algebra

F	Q	R	B	N	N	L	N	X	U	W	Y	J	K	Z	K
O	O	M	L	S	X	I	R	T	A	M	T	G	U	O	U
P	A	R	F	Q	T	N	E	N	O	P	X	E	F	T	G
F	Y	K	M	C	T	E	Z	Z	B	O	X	Z	R	H	A
O	A	J	V	U	S	A	O	O	V	D	S	E	H	A	W
Z	E	M	U	C	L	R	W	C	L	Q	Y	V	P	N	A
I	A	C	T	R	S	A	O	M	E	R	Q	Y	K	D	N
Z	V	B	O	B	F	I	N	A	L	U	W	E	P	I	A
K	O	L	O	K	A	M	J	R	E	B	M	U	N	Z	H
U	B	S	O	D	X	V	E	G	Z	E	R	O	N	A	T
C	N	A	A	S	Z	H	Z	A	U	K	U	P	B	E	N
H	T	Q	U	V	O	A	E	I	U	R	H	F	M	U	I
O	D	R	O	O	U	G	R	D	M	X	Z	N	Z	K	S
T	T	S	N	O	I	T	A	U	Q	E	M	D	V	O	O
S	V	V	P	X	G	O	A	W	A	G	I	H	C	O	Z
A	G	F	G	C	H	I	F	U	K	W	A	U	F	M	N

ZOWONJEZERA
DIAGRAM
KUGAWANA
EQUATION
EXPONENT
CHIFUKWA
ZABODZA
FORMULA
CHIGAWA
ZOSAVUTA
LINEAR
MATRIX
NUMBER
MAKOLO
VUTO
PEWULANI
ZOTHANDIZA
KUCHOTSA
ZOSINTHA
ZERO

17 - Spices

A	M	F	I	B	X	U	P	M	O	F	W	Y	E	P	Z
H	D	E	O	E	E	C	I	R	O	C	I	L	P	A	T
L	Y	Y	R	R	U	C	O	T	N	M	O	B	D	P	V
O	H	L	O	I	R	N	O	R	F	F	A	S	A	R	F
O	Z	O	W	A	W	A	U	C	I	P	E	D	C	I	U
A	N	Y	E	Z	I	Q	G	U	O	A	I	M	R	K	N
C	W	K	A	L	O	V	E	M	T	Y	N	T	Q	A	T
R	U	W	X	L	P	H	U	I	C	Z	O	D	K	T	C
A	N	I	S	E	Q	D	X	N	T	R	M	F	E	M	H
O	T	H	C	N	M	C	H	E	R	E	A	L	E	R	I
K	F	N	Z	N	V	A	N	I	L	A	N	A	R	L	T
O	W	D	O	E	I	J	Q	P	R	G	N	V	G	F	O
M	H	I	W	F	Y	K	C	J	Z	W	I	O	U	E	X
A	V	N	F	F	X	D	E	C	P	K	H	U	N	D	R
X	Q	I	D	Q	W	H	A	D	T	Y	C	R	E	P	Z
F	S	F	O	H	F	W	U	G	Z	E	I	N	F	Z	A

ANISE
ZOWAWA
CARDAMOM
CHINNAMONI
KALOVE
CORIANDER
CUMIN
CURRY
FENNEL
FENUGREEK
FLAVOUR
ADYO
NTCHITO
LICORICE
ANYEZI
PAPRIKA
SAFFRON
MCHERE
OKOMA
VANILA

18 - Universe

E	Q	U	A	T	O	R	H	O	R	I	Z	O	N	A	G
N	Y	A	K	U	T	I	L	S	I	S	Q	V	M	C	L
A	L	B	U	B	K	R	U	K	I	S	T	K	K	N	P
G	Z	O	O	N	E	K	A	Y	M	A	L	O	N	M	Q
D	A	S	F	Z	B	C	Z	L	Q	M	I	W	J	X	U
I	Z	L	E	H	L	B	B	M	O	S	T	L	G	I	V
O	O	I	A	E	P	E	C	I	T	S	L	O	O	S	R
R	Z	Z	K	X	H	M	J	O	M	G	S	R	D	K	L
E	O	E	V	O	Y	A	L	A	B	M	A	W	M	A	Z
T	D	W	Z	J	L	R	E	D	U	T	I	G	N	O	L
S	I	M	E	Q	P	A	B	W	J	I	X	M	P	D	T
A	A	K	N	Q	Q	K	P	U	F	M	Q	D	F	U	G
J	C	L	J	C	D	A	T	A	M	A	Y	N	A	W	P
N	Q	P	A	C	W	E	Z	C	N	R	E	O	D	V	C
T	E	L	E	S	I	K	O	P	U	S	M	D	I	M	A
K	H	E	M	D	A	L	Y	O	T	W	I	X	T	G	D

ASTEROID
WANYAMATA
NYAKUTI
MTIMA
ZAMWAMBA
MDIMA
EQUATOR
GALAXY
DZIKO LAPANSI
HORIZON
LONGITUDE
MWEZI
MALO
SKY
SOLAR
SOOLSTICE
TELESIKOPU
TILT
ZOONEKA
ZODIAC

19 - Mammals

N	F	W	G	Z	H	I	S	Y	M	G	U	L	J	M	Z
B	Y	J	E	R	C	E	L	S	G	A	A	M	T	O	K
E	Z	M	R	P	J	H	U	A	M	J	N	L	O	N	B
J	X	Q	U	M	C	V	I	D	F	L	R	I	U	Y	E
Z	G	M	Q	C	G	O	U	B	M	U	K	N	L	O	A
N	N	K	H	O	S	A	V	D	D	V	A	I	C	A	V
M	I	K	N	G	P	G	R	I	E	O	L	Z	O	M	E
K	U	I	Y	E	H	H	D	P	O	J	U	V	Y	V	R
A	K	X	A	D	O	L	P	H	I	N	L	R	O	Q	V
N	H	E	M	R	O	N	W	R	A	T	U	Y	T	A	C
G	B	Z	W	K	R	G	F	M	A	L	T	R	E	L	T
O	T	S	A	Q	A	W	O	M	U	S	C	H	Y	N	F
G	E	B	M	O	G	N	H	R	F	O	X	L	Z	L	H
M	F	K	B	J	N	W	D	C	I	H	C	T	A	H	B
F	L	M	A	X	A	H	A	R	I	L	U	M	A	Y	N
E	G	P	B	W	K	E	Y	J	C	J	A	R	B	E	Z

NYAMULIRA
BEAVER
NG'OMBE
CAT
COYOTE
GALU
DOLPHIN
NJOVU
FOX
MANILA

GORILA
HATCHI
KANGAROO
MKANGO
MONYO
KALULU
NKHOSA
NYAMWAMBA
NKUMBU
ZEBRA

20 - Restaurant #1

B	J	U	L	K	Z	O	T	S	A	T	I	R	A	J	L
G	A	T	U	H	Z	O	T	H	A	N	D	I	Z	A	Q
Q	X	M	E	O	D	K	D	Z	M	M	J	L	A	F	N
J	V	E	G	F	K	O	U	U	S	M	R	E	U	B	F
V	C	B	I	I	B	Z	T	B	A	F	Q	K	V	C	W
C	C	L	M	E	L	I	V	S	W	P	D	L	B	Q	O
N	K	H	U	K	U	G	M	S	E	E	N	Y	A	M	A
K	I	T	C	H	E	N	M	E	N	U	R	X	C	U	E
C	M	K	A	T	E	A	M	R	R	R	Y	E	V	K	Y
C	H	Q	H	D	Y	L	B	T	N	N	S	L	T	Y	J
K	A	A	L	L	C	A	A	I	A	Q	F	Y	H	S	X
E	Z	S	K	T	K	M	L	A	P	F	G	Q	X	G	A
I	V	H	H	U	N	S	E	W	K	M	S	R	S	X	X
B	H	P	H	E	D	C	O	P	I	M	P	E	N	D	E
T	Q	V	U	L	R	Y	M	J	N	I	N	W	W	N	X
M	A	B	U	K	U	F	A	Z	O	K	H	U	D	Z	A

MALANGIZO
MABUKU
MKATE
CASHER
NKHUKU
KHOFI
ZOTSATIRA
CHAKUDYA
ZOTHANDIZA
KITCHEN
MPENDE
NYAMA
MENU
NAPKIN
MBALE
KUBWERETSA
MSUU
ZOKHUDZA
WAITRESS

21 - Bees

T	C	F	Z	W	F	B	Y	C	Z	M	K	H	J	C	B
U	I	O	B	O	V	K	L	W	O	A	P	J	J	G	L
K	C	Z	B	H	P	V	F	U	M	V	K	Y	L	Z	O
H	P	H	I	C	J	I	F	R	E	V	E	B	A	Y	S
N	O	L	I	N	A	H	N	P	R	K	U	Q	I	A	S
K	L	O	Z	T	Y	U	I	D	A	T	C	N	E	Y	O
U	L	A	J	U	G	A	Q	I	U	A	W	U	Z	D	M
S	I	Q	U	E	E	N	M	N	O	T	N	N	M	U	O
I	N	J	G	K	L	E	E	A	S	I	S	T	U	K	Z
Y	A	Y	N	K	D	C	T	T	T	B	R	A	N	A	W
A	T	I	U	B	U	Q	S	U	A	A	W	I	D	H	G
N	O	L	L	Y	V	X	Y	S	P	H	F	V	A	C	O
A	R	K	U	R	F	E	S	Y	I	M	A	L	U	B	A
Q	M	I	M	Y	Z	X	O	S	H	Q	Z	I	F	Y	C
V	W	A	F	W	A	X	C	B	C	V	H	Y	R	W	T
M	B	Y	F	H	L	M	E	Z	O	S	A	V	U	T	A

ZOPINDUTSA
BLOSSOM
KUSIYANA
ECOSYSTEM
MALUBA
CHAKUDYA
CHIPATSO
MUNDA
HABITAT
HIV
UCHI
TIZINYAMATA
ZOMERA
MULUNGU
POLLINATOR
QUEEN
SUTANI
DZUWA
ZOSAVUTA
WAX

22 - Photography

T	C	K	U	W	I	R	I	R	A	K	E	N	O	O	Z
A	Z	H	W	A	K	U	D	A	R	O	L	O	C	Z	I
N	O	C	I	N	P	X	T	S	E	V	V	T	Z	E	P
T	Y	O	Z	N	Y	X	H	T	M	O	N	A	N	I	C
H	E	M	N	Q	T	S	M	I	A	K	D	M	R	H	H
A	N	P	U	X	U	H	W	R	K	M	U	R	L	U	I
U	E	O	H	X	Y	Q	U	I	F	E	G	O	A	J	S
Z	R	S	T	F	C	L	L	W	V	O	Y	F	N	Y	O
O	A	I	I	O	I	C	K	F	C	D	Y	Z	J	A	N
F	D	T	M	K	N	R	U	U	X	M	C	K	K	P	Y
W	H	I	Q	J	V	Q	N	K	F	Y	D	D	H	E	E
K	O	O	F	R	E	N	K	E	T	Z	J	I	J	V	Z
C	X	N	R	C	H	I	T	H	U	N	Z	I	M	W	O
M	U	P	A	U	A	P	O	T	J	I	I	P	C	A	B
J	I	A	M	K	U	S	I	N	T	H	A	D	A	Z	A
Q	H	W	E	P	H	U	N	Z	I	R	O	P	F	C	D

WAKUDA
KAMERA
COLOR
COMPOSITION
KUSINTHA
MDIMA
TANTHAUZO
CHISONYEZO
FORMAT
FRAME

KUWIRIRA
CHINTHU
KUONA
CHITHUNZI
MITHUNZI
KUFWIRITSA
PHUNZIRO
ZOYENERA
ONANI
ZOONEKA

23 - Weather

M	O	N	S	O	E	S	K	H	A	L	I	D	W	E	O
K	K	T	U	L	U	K	M	A	W	U	L	U	K	M	P
I	U	R	R	J	K	Y	J	M	T	P	Q	J	A	O	X
C	C	O	H	F	E	W	D	V	C	I	N	M	T	A	N
E	H	P	V	V	X	E	U	U	H	T	U	N	I	M	R
D	U	I	F	Z	G	M	R	L	I	V	W	P	H	A	K
C	L	C	P	O	L	A	R	A	L	P	B	I	N	G	U
G	U	A	I	T	P	Z	W	H	A	M	I	T	M	Y	G
L	K	L	H	R	T	E	K	P	L	O	G	I	G	A	N
B	A	Q	X	S	L	L	H	H	A	V	V	J	G	U	U
M	T	A	M	B	O	A	G	P	P	V	R	I	K	M	F
A	G	L	G	Z	M	W	W	Z	M	L	K	A	L	I	U
L	Z	K	L	E	Y	A	T	O	R	N	A	D	O	T	M
I	K	G	E	W	I	T	U	A	F	M	X	U	Q	S	Z
Z	R	A	H	B	P	U	Z	K	X	Y	M	X	X	A	X
X	R	C	K	D	Z	I	W	A	N	I	I	Z	I	P	H

MTIMA
DZIWANI IZI
KHALIDWE
MTAMBO
CHILALA
YAUMITSA
UFUNGU
MKULU WAMKULU
ICE
MVULA
MONSO
POLAR
UTAWALEZA
SKY
MPHEPO
KUCHULUKA
BINGU
TORNADO
TROPICAL

24 - Adventure

X	R	V	C	C	M	M	F	R	N	J	I	R	A	L	C
G	D	N	C	F	S	W	C	X	M	A	Y	E	R	V	H
E	R	I	R	I	B	M	A	Z	A	Z	A	Z	E	P	I
K	U	Y	E	N	D	A	S	I	T	S	W	V	K	W	K
U	F	W	N	J	A	A	M	J	L	T	M	S	E	C	H
A	L	C	H	I	L	E	N	G	E	D	W	E	Z	H	A
B	Z	E	O	D	O	K	R	Z	Z	N	B	Z	N	I	L
W	O	V	N	O	G	F	O	U	D	Q	T	O	O	M	I
E	D	Z	A	D	N	Y	Z	M	Z	O	A	O	K	W	D
N	A	X	P	N	O	P	E	O	A	F	U	P	U	E	W
Z	B	G	O	E	K	A	T	V	T	N	Z	S	K	M	E
I	W	S	S	L	U	G	E	O	U	D	S	A	J	W	Y
X	I	M	T	U	K	L	T	P	V	B	V	O	P	E	M
X	T	M	A	A	Q	F	I	Z	O	C	H	I	T	A	W
L	S	V	H	M	E	X	H	I	Z	C	O	J	H	L	I
L	A	G	C	B	A	F	C	Y	Y	F	G	I	K	L	I

ZOCHITA
KUKONGOLA
MWAYI
ZOOPSA
KOMANSO
ZOVUTA
CHIKHALIDWE
ULENDO
ABWENZI
NJIRA

CHIMWEMWE
CHILENGEDWE
KUYENDA
CHATSOPANO
MWAI
KUKONZEKERA
CHITETEZO
ZODABWITSA
MAULENDO
ZAZAMBIRIRE

25 - Sport

P	I	L	M	V	E	E	W	O	K	I	X	Q	U	A	K
J	R	G	U	A	G	N	O	N	O	W	U	K	H	K	U
O	Y	O	M	U	D	G	P	F	C	X	X	N	K	O	L
G	P	M	G	A	P	Q	H	H	K	I	U	W	R	Y	I
G	F	P	L	R	D	W	U	F	O	N	I	M	B	N	M
I	J	H	Z	E	A	E	N	K	U	V	I	N	A	C	B
N	D	A	U	N	S	M	Z	R	S	T	J	B	F	N	I
G	G	M	C	E	A	C	I	L	O	B	A	T	E	M	K
P	M	V	D	Y	K	K	T	M	A	S	E	K	O	K	I
M	A	U	Z	O	U	Y	S	Z	V	N	P	N	L	U	T
Q	A	N	I	Z	E	Y	A	Y	D	U	K	A	Z	P	S
J	F	F	J	M	P	H	U	N	Z	I	T	S	I	I	A
Y	A	K	U	I	P	U	H	T	I	T	R	W	H	R	A
I	G	T	Z	P	N	P	K	U	T	H	A	E	K	I	J
C	J	X	R	W	A	G	N	I	L	O	H	C	C	R	C
N	G	T	F	T	P	J	A	Z	K	X	N	Z	Z	A	S

KUTHA
WOPHUNZITSA
THUPI
MAFUPA
MPHUNZITSI
PANJINGA
KUVINA
ZAKUDYA
KUPIRIRA
CHOLINGA

UMOYO
JOGGING
KULIMBIKITSA
METABOLIC
MINOFU
ZOYENERA
PROGRAM
MASEKO
MPHAMVU
KUWONONGA

26 - Geology

I	O	K	V	A	Z	D	N	Y	N	X	L	H	M	M	Q
C	G	K	F	Y	A	I	A	P	K	Z	L	S	P	K	Z
B	Z	V	T	K	T	U	T	K	C	B	D	J	V	Q	A
S	D	S	V	V	J	K	U	D	B	O	X	F	O	F	N
Z	T	R	A	U	Q	C	H	I	V	O	M	E	Z	I	G
P	L	A	T	E	A	U	T	C	W	V	X	T	Z	T	O
O	I	R	V	P	O	Q	N	A	O	O	R	I	W	N	N
M	T	E	S	A	S	H	I	K	N	L	O	T	G	E	O
S	W	Y	U	Z	L	G	Z	O	Y	C	B	C	S	T	T
G	L	A	P	Y	A	N	U	N	E	A	H	A	J	N	H
E	B	L	L	C	R	V	H	O	N	N	U	L	N	O	K
Y	R	H	D	A	E	K	T	K	G	O	N	A	O	K	A
S	L	L	Q	C	N	M	N	U	W	Q	V	T	E	Y	V
E	C	M	K	W	I	W	I	K	A	M	W	S	B	C	E
R	C	P	X	Y	M	X	Z	M	C	H	E	R	E	V	R
F	O	S	S	I	L	B	O	J	Y	V	W	G	A	D	N

ACID
KAVERN
KONTENTI
ZINTHU ZINTHU
ZANG'ONO
CHIVOMEZI
KUKONOKA
FOSSIL
GEYSER
LAVA
LAYER
MINERALS
WONYENGWA
PLATEAU
QUARTZ
MCHERE
STALACTITE
MWALA
TILT
VOLCANO

27 - House

C	Q	T	Y	B	J	F	L	I	O	H	O	P	T	F	W
B	H	M	Q	I	P	H	J	A	V	U	R	Z	G	V	V
Z	A	I	O	C	S	E	Q	E	I	J	E	T	D	G	L
C	D	S	P	T	C	J	R	L	B	E	Z	B	K	K	N
I	N	C	E	I	O	M	V	A	G	N	E	T	H	I	M
L	U	K	B	M	N	A	I	L	A	O	H	J	O	V	W
G	M	O	X	T	E	D	G	U	E	J	R	Y	M	I	W
O	O	U	G	T	H	N	A	B	M	A	H	S	O	N	D
J	B	O	B	Z	C	A	T	I	N	A	T	A	K	A	M
U	P	F	N	W	T	P	M	A	L	E	O	J	I	Z	F
G	R	O	R	R	I	M	L	L	Q	R	C	W	Y	S	U
D	I	X	P	Q	K	M	I	P	A	M	B	O	A	D	P
V	A	Y	M	Z	G	A	R	A	G	E	P	D	M	B	A
T	S	A	C	H	E	M	P	U	N	G	A	N	Z	I	N
U	B	Z	K	E	X	I	N	O	G	A	W	I	T	N	D
X	Y	D	I	T	A	A	I	W	Z	Y	H	W	V	R	A

BASEMENT
TSACHE
MAKATANI
KHOMO
MPANDA
MOTO
UPANDA
MIPAMBO
GARAGE
MUNDA
MAYIKO
KITCHEN
LAMP
LAIBULALE
MIRROR
TENGA
CHIPINDA
SHAMBA
MPUNGA
WINDOW

28 - Physics

Z	A	M	B	I	R	I	C	L	P	D	Q	P	C	M	J
S	K	A	H	N	S	E	N	I	G	N	E	H	H	A	Y
K	M	Y	D	I	Y	A	K	W	P	E	Y	U	I	G	U
L	Y	R	H	M	C	V	M	I	W	G	N	N	B	N	Z
A	L	U	M	R	O	F	K	R	W	U	O	Z	A	E	H
C	T	M	A	A	G	V	U	O	K	L	M	I	L	T	C
I	X	O	F	E	F	E	C	T	Q	U	B	R	E	I	H
M	C	Q	M	L	R	L	H	C	V	K	K	O	P	S	I
E	K	Y	U	C	E	O	U	U	U	U	G	U	T	M	S
H	S	X	T	U	Q	C	L	F	V	K	E	B	L	D	O
C	V	K	Z	N	U	I	U	G	D	E	S	N	L	A	K
M	X	O	J	Y	E	T	K	V	V	L	I	V	E	B	O
H	A	R	Y	N	N	Y	A	Q	D	O	R	O	F	W	N
E	O	X	P	R	C	H	V	W	M	M	N	A	G	J	E
B	B	P	V	D	Y	U	N	I	V	E	R	S	A	L	Z
Q	V	J	R	E	L	E	K	T	R	O	N	G	D	M	O

ATOM
CHISOKONEZO
CHEMICAL
KUCHULUKA
ELEKTRON
ENGINE
KUKULA
FORMULA
FREQUENCY
GESI
MAGNETISM
MASI
ZAMBIRI
MOLEKUKULU
NUCLEAR
PHUNZIRO
CHIBALE
LIWIRO
UNIVERSAL
VELOCITY

29 - Coffee

U	Y	I	Q	E	C	A	F	F	E	I	N	E	K	W	A
K	D	W	T	C	P	N	R	F	A	Z	J	N	Q	U	V
Z	Y	H	A	I	U	H	J	M	A	D	X	L	Z	W	Y
H	O	C	V	R	C	P	Q	U	X	A	J	K	W	F	Q
L	Q	I	M	P	U	Q	K	X	K	M	U	Q	O	O	P
I	L	X	O	G	Q	A	T	H	E	K	G	H	O	M	I
C	Z	Q	D	C	S	K	A	A	R	Q	T	X	C	M	D
L	H	P	S	V	O	U	O	F	X	N	L	Y	H	H	M
W	F	A	T	R	L	K	Z	O	S	E	F	A	A	M	T
T	G	W	M	U	N	U	U	G	A	Y	A	X	W	E	R
Y	R	A	A	O	A	H	D	S	D	D	D	I	B	N	U
M	J	W	E	V	D	S	P	M	I	M	M	A	W	A	D
A	M	O	R	A	U	Z	C	K	U	N	I	G	I	R	O
R	A	Z	C	L	K	P	I	A	Q	K	T	F	J	H	V
B	N	N	F	F	A	L	I	K	I	X	M	H	Y	X	H
V	A	M	T	U	W	J	L	A	L	D	C	C	A	R	N

AROMA
CHAMODZI
ZOWAWA
WAKUDA
CAFFEINE
CREAM
CUP
ZOSEFA
FLAVOUR
GAYA
LIQUID
MKAKA
M'MAWA
ORIGIN
PRICE
WOOCHA
SHUKUKA
KUSINTHA
MADZI

30 - Shapes

C	I	R	Z	L	U	H	W	W	M	M	B	T	T	D	E
Y	E	A	A	Y	F	L	R	Q	M	I	R	I	I	B	T
L	F	N	M	S	G	G	F	I	P	P	D	F	N	F	K
I	O	L	P	F	O	V	A	L	H	A	L	Q	G	C	J
N	O	G	Y	L	O	P	U	A	E	N	I	K	A	H	P
D	P	B	P	B	V	G	L	E	P	D	N	O	T	Z	O
E	L	C	R	I	C	A	R	C	E	A	E	N	A	G	Y
R	R	A	G	H	F	V	K	S	T	D	C	A	T	U	M
J	G	A	T	X	V	Q	M	T	E	Y	O	L	U	Q	D
U	V	C	U	Z	P	M	A	B	O	E	N	O	K	Y	M
N	N	F	S	Q	C	Y	F	T	M	A	E	B	A	D	A
E	I	M	R	M	S	I	R	P	Q	T	L	R	N	I	L
C	E	L	L	I	P	S	E	A	L	O	G	E	G	T	O
Y	U	Z	O	C	H	I	T	A	M	H	L	P	A	I	Z
F	T	B	C	H	L	C	S	W	R	I	K	Y	N	B	R
H	H	F	E	V	A	A	B	T	V	O	D	H	I	H	U

ARC
CIRCLE
CONE
KONA
CUBE
MIPANDA
CYLINDER
M'MPHEPETE
ELLIPSE
HYPERBOLA
LINE
OVAL
POLYGON
PRISM
PYRAMID
KANGANI
ZOCHITA
MALO
SQUARE
TINGATATU

31 - Scientific Disciplines

Y	L	N	J	N	M	M	V	I	R	B	N	X	E	I	A
P	W	L	L	F	T	Y	S	F	W	I	M	J	U	D	M
C	I	Y	C	O	Y	G	Y	I	T	O	B	O	R	A	M
Y	N	J	Z	I	N	O	G	M	L	C	H	W	K	I	T
M	I	N	E	R	A	L	O	G	Y	H	M	M	V	J	A
O	R	T	W	O	T	O	L	A	R	E	N	E	Y	O	Z
T	I	O	U	V	O	Y	O	S	X	M	F	T	C	L	F
A	B	Q	B	K	B	A	K	N	G	I	I	E	H	O	I
N	M	L	V	K	A	B	E	G	W	S	Z	O	E	K	S
A	A	T	O	N	E	Y	G	B	X	T	I	R	M	I	I
N	Z	D	R	N	Q	D	N	U	I	R	S	O	I	S	O
Z	I	N	T	H	U	Z	I	N	A	Y	I	L	S	A	L
K	I	N	E	S	I	O	L	O	J	I	A	O	T	M	O
G	E	O	L	O	J	I	A	L	N	P	D	J	R	J	J
Z	A	S	O	C	I	O	L	O	J	I	A	I	Y	L	I
Z	O	L	O	G	Y	K	R	L	X	H	L	A	Z	I	A

ANATOMY
NYAKUTI
BIOCHEMISTRY
BAYOLOGY
BOTANY
CHEMISTRY
EKOLOGY
GEOLOJIA
KINESIOLOJIA
ZINTHU ZINA
ZAMBIRI
METEOROLOJIA
MINERALOGY
ZOYENERA
FIZISI
FISIOLOJIA
MASIKOLOJI
MAROBOTI
ZASOCIOLOJIA
ZOLOGY

32 - Science

K	G	H	F	Y	F	N	N	A	W	K	L	D	N	Y	Z
G	P	A	B	K	C	N	K	T	Q	H	J	H	V	O	A
L	B	Y	L	O	Z	Z	V	O	E	A	Y	F	Q	Y	M
M	I	N	E	R	A	L	S	M	K	L	Z	F	Q	R	O
L	Z	E	W	B	L	T	H	E	U	I	O	Q	H	V	D
A	I	H	D	Z	U	R	A	L	Y	D	K	H	M	K	Z
B	N	P	E	A	O	C	B	D	E	W	O	W	U	Y	I
O	T	M	G	H	E	O	W	A	S	E	K	V	W	H	Y
R	H	O	N	Q	J	G	N	U	A	R	E	M	O	Z	R
A	U	S	E	H	Y	X	N	A	U	G	R	L	V	X	O
T	Z	A	L	A	C	I	M	E	H	C	A	F	L	T	M
O	O	M	I	N	X	L	A	I	T	F	I	Z	I	S	I
R	N	P	H	R	J	K	I	S	N	A	Y	A	S	A	W
I	S	N	C	Z	Y	I	Z	G	I	E	S	Y	S	F	N
W	E	W	L	C	L	T	R	S	Z	M	G	V	O	J	J
K	U	S	I	N	T	H	A	A	J	O	V	B	F	F	D

ATOM
CHEMICAL
KHALIDWE
DATA
KUSINTHA
KUYESA
ZOONA
FOSSIL
ZOKOKERA
ZINTHU ZONSE
LABORATORI
NJIRA
MINERALS
MASOMPHENYA
CHILENGEDWE
ZAMODZI
ZINTHU
FIZISI
ZOMERA
WASAYANSI

33 - Beauty

I	P	V	P	W	D	A	S	T	Q	A	C	O	X	F	J
Z	A	K	H	A	L	I	D	W	E	S	U	W	L	Q	W
N	Z	K	D	Y	R	Y	R	P	D	H	R	Y	I	U	Y
U	N	O	D	N	O	H	K	Y	D	A	L	U	P	V	D
H	T	M	S	E	M	P	U	B	Y	M	S	L	S	B	T
T	C	O	A	A	V	I	K	A	Z	P	K	C	T	Z	D
I	H	S	T	S	V	Z	A	R	O	O	U	U	I	B	C
H	I	I	U	X	A	U	H	I	Z	O	N	X	C	X	L
C	T	H	F	L	M	K	T	T	A	L	T	E	K	T	B
U	O	C	A	X	B	A	A	A	S	O	H	B	N	A	N
B	L	P	M	U	H	Y	E	S	S	O	A	K	S	M	E
M	A	S	C	A	R	A	W	T	U	R	W	X	C	Q	P
S	T	Y	L	I	S	T	R	O	R	R	I	M	E	Y	K
R	X	G	L	E	G	V	Q	Z	S	S	T	Q	N	G	L
K	U	K	O	N	G	O	L	A	Y	V	S	T	T	I	H
S	U	Y	I	M	C	O	L	O	R	X	A	O	H	A	F

CHITHUNZI
COLOR
ZOTSATIRA
CURLS
KUKONGOLA
ZAKHALIDWE
KUNTHAWITSA
CHISOMO
LIPSTICK
MASCARA
MIRROR
MAFUTA
SCENT
MASAKA
NTCHITO
SHAMPOO
KHONDO
ZOSAVUTA
STYLIST

34 - Clothes

N	O	R	P	A	J	H	U	K	K	W	S	B	B	N	Z
I	S	N	A	E	J	I	V	W	F	M	F	I	L	K	O
S	H	A	M	A	T	H	A	W	A	L	A	E	O	L	P
K	T	U	P	V	C	U	J	C	J	G	G	V	U	A	H
O	K	G	U	A	T	O	V	M	U	N	L	P	S	S	U
S	P	R	W	T	T	E	L	E	C	A	R	B	E	I	N
A	U	A	S	P	Y	O	L	U	D	N	A	S	N	S	Z
M	Z	H	J	K	H	Z	K	M	S	Y	G	H	T	W	I
B	T	R	M	A	I	F	S	A	U	F	J	C	B	E	T
L	A	M	B	A	M	R	O	S	V	B	G	P	R	A	S
V	J	Y	G	E	C	A	T	H	O	Q	X	Z	I	T	A
A	A	J	W	W	V	C	S	A	L	Q	N	D	E	E	J
M	C	Q	M	Y	N	S	T	T	G	W	L	C	I	R	D
E	K	A	B	W	B	R	D	I	A	M	D	I	K	M	Z
T	E	E	X	T	M	C	H	K	M	C	H	O	T	I	J
F	T	B	S	T	Z	S	A	V	A	L	A	L	A	E	K

APRON
LAMBA
BLOUSE
BRACELET
VALALA
ZOPHUNZITSA
AMAGLOVU
CHOTI
JACKET
JEANSI

NKLASI
PAJAMAS
MATHAWALA
NSANDULO
SCARF
MASHATI
NSAPATO
SKIRT
MASOKSI
SWEATER

35 - Astronomy

U	E	M	W	A	N	Y	A	M	A	T	A	C	M	E	T
O	O	W	P	L	A	N	E	T	B	I	L	B	A	C	D
H	S	E	T	I	L	L	E	T	A	S	U	C	N	L	H
E	G	Z	M	T	A	N	D	A	J	G	B	I	K	I	R
I	D	I	Q	W	S	T	R	O	C	K	E	T	H	P	Q
C	H	I	L	E	N	G	E	D	W	E	N	W	W	S	O
D	Z	I	K	O	L	A	P	A	N	S	I	N	A	E	W
C	I	Y	X	A	L	A	G	S	O	L	A	R	L	C	P
U	P	O	K	I	S	E	L	E	T	X	R	Z	A	G	L
E	M	I	T	K	O	T	U	K	W	E	L	O	V	H	W
C	C	Y	R	D	I	O	R	E	T	S	A	D	E	D	F
O	P	C	H	A	O	Z	K	O	S	Q	M	I	U	K	I
S	U	P	E	R	N	O	V	A	N	K	H	A	D	C	Q
S	W	V	J	F	K	O	T	M	L	A	Y	C	R	R	C
Z	X	E	Z	O	G	M	O	V	C	C	U	A	Z	A	M
N	X	M	E	Z	J	Q	H	Z	K	Y	Y	T	G	Z	P

ASTEROID
ASTRONAUT
WANYAMATA
MTANDA
DZIKO LAPANSI
ECLIPSE
GALAXY
MWEZI
NEBULA
ZOONA
PLANET
MANKHWALA
ROCKET
SATELLITE
SKY
SOLAR
SUPERNOVA
TELESIKOPU
CHILENGEDWE
ZODIAC

36 - Health and Wellness #2

N	N	G	R	I	G	Y	K	K	G	F	Z	M	D	X	E
Z	H	P	A	R	N	D	U	U	X	Z	C	A	N	O	G
Z	T	M	B	O	E	B	C	L	K	L	M	S	I	Q	V
Z	B	L	W	L	R	S	H	E	C	C	K	S	M	S	C
U	A	O	Z	A	R	B	I	M	O	S	X	A	A	V	H
V	C	K	H	K	Z	U	R	E	Q	C	H	G	T	J	I
M	H	H	U	H	P	I	I	R	Y	I	D	E	I	N	P
A	C	B	U	D	Z	B	T	A	M	T	S	H	V	R	A
H	Z	H	R	N	Y	P	S	S	O	E	V	W	I	J	T
P	I	F	Q	W	D	A	A	H	T	N	I	S	U	K	A
M	V	I	R	F	A	U	P	D	A	E	A	O	R	N	L
J	G	A	Z	L	K	H	S	X	N	G	Q	B	X	E	A
F	W	Q	K	O	Z	I	G	N	A	L	A	M	J	Q	J
M	O	O	D	K	U	T	E	T	E	Z	A	N	G	C	L
X	J	M	A	T	E	N	D	A	R	E	N	E	Y	O	Z
H	H	G	B	A	Q	L	M	T	I	M	A	T	Y	P	M

MALANGIZO
ANATOMY
MWAZI
KALORI
ZAKUDYA
MATENDA
MPHAMVU
GENETICS
MTIMA
CHIPATALA
UCHUNDU
KUTETEZA
MASSAGE
MOOD
ZOYENERA
KUCHIRITSA
GONA
KUSINTHA
VITAMIN
KULEMERA

37 - Disease

O	N	I	W	B	A	Z	B	B	L	M	S	N	F	H	E
Y	P	T	L	Y	K	I	D	D	A	T	Y	R	N	D	Z
O	M	A	Z	Z	J	E	V	Q	Y	I	N	D	E	U	Y
M	Y	B	T	I	I	T	L	P	H	M	D	O	X	N	N
U	T	M	V	S	W	N	L	M	S	A	R	A	U	X	P
J	R	U	V	Y	I	I	T	N	J	N	O	L	M	E	Q
A	M	L	G	L	E	R	R	H	H	L	M	A	X	B	F
I	I	W	L	B	V	W	A	I	U	M	E	W	I	Q	S
R	M	M	A	F	U	P	A	N	B	Z	D	H	V	X	Z
E	B	Z	O	P	E	Z	A	O	A	O	O	K	P	J	Q
T	A	R	E	K	O	H	C	O	H	C	Q	N	S	N	B
C	H	I	T	E	T	E	Z	O	B	L	C	A	S	C	W
A	Y	O	X	G	G	E	N	E	T	I	C	M	J	E	L
B	T	H	U	P	I	Z	I	T	H	U	N	Z	I	J	A
Z	O	F	O	O	K	A	K	U	P	I	R	I	R	A	K
M	Y	A	L	K	B	F	W	F	O	G	V	B	B	P	X

MIMBA	CHOCHOKERA
ZIWIRI	CHITETEZO
BACTERIA	KUPIRIRA
THUPI	LUMBA
MAFUPA	ZINTHU ZONSE
ZABWINO	ZITHUNZI
OPATSIRANA	ZOPEZA
GENETIC	SYNDROME
UMOYO	MANKHWALA
MTIMA	ZOFOOKA

38 - Time

W	M	X	E	Q	C	R	G	P	I	J	W	Z	C	M	P
J	A	I	X	Q	L	U	C	D	Z	T	T	Q	U	W	O
R	W	C	N	K	G	W	M	A	O	M	J	H	A	E	S
T	A	P	H	U	K	I	S	T	N	Y	V	I	U	Z	A
C	M	F	I	I	T	Z	A	K	A	Z	A	K	A	I	C
M	M	Z	F	E	Q	E	D	C	P	U	P	P	S	Y	H
H	M	I	N	N	O	D	N	H	O	S	O	Y	L	E	E
E	V	B	I	Q	L	A	E	A	S	I	Y	C	Y	D	D
N	L	O	U	Q	O	C	L	K	T	K	A	L	L	T	W
Y	E	J	G	Y	G	E	A	A	X	U	M	I	J	K	A
O	R	C	N	Q	O	D	K	L	O	M	B	O	C	S	P
C	O	H	U	I	S	M	L	F	E	S	A	K	B	Q	A
Z	U	A	L	Q	T	R	U	O	H	O	R	D	G	E	N
O	N	A	M	Q	I	N	H	K	R	W	E	P	U	G	J
Q	N	K	V	C	M	A	S	I	K	U	B	C	A	H	X
E	J	A	F	V	J	N	V	A	X	V	O	Z	Y	S	J

CHAAKA
M'MBUYOMU
KALENDA
ZAKA ZAKA
WACHI
TSIKU
DECADE
POYAMBA
TSOGOLO
HOUR
MINUTE
MWEZI
M'MAWA
USIKU
MASIKU
TSOPANO
POSACHEDWAPA
LERO
MLUNGU
CHAKA

39 - Buildings

P	F	U	A	R	T	D	B	M	U	I	D	A	T	S	P
C	O	W	C	X	Q	W	O	L	B	F	C	O	B	K	Q
A	H	O	T	N	E	M	T	R	A	P	A	N	O	O	Z
B	G	L	R	O	E	T	I	T	L	W	S	S	Q	S	F
I	N	E	O	E	F	M	V	O	O	K	T	U	V	S	R
N	P	T	X	X	N	X	H	W	Z	A	L	K	H	V	A
N	A	O	N	K	E	E	G	E	I	D	E	U	G	T	Z
Z	U	H	B	A	R	N	M	R	G	P	S	L	G	Y	Y
H	K	O	G	O	N	A	M	E	N	I	C	U	N	E	M
N	U	X	Y	U	O	A	F	X	S	T	O	V	B	D	N
U	J	I	R	O	T	A	R	O	B	A	L	V	O	W	G
H	U	R	O	J	E	M	U	S	E	U	M	J	H	B	H
N	B	Q	T	K	N	S	U	P	A	M	A	K	E	T	I
G	J	Q	C	E	T	I	S	E	V	I	N	U	P	B	F
D	R	X	A	L	A	T	A	P	I	H	C	N	G	J	J
B	O	A	F	T	X	T	C	W	L	A	D	O	Q	W	J

APARTMENT
BARN
CABIN
CASTLE
CINEMA
UBALOZI
FACTORY
CHIPATALA
KOGONA
HOTELO
LABORATORI
MUSEUM
ZOONA
SUKULU
STADIUM
SUPAMAKETI
TENTA
SEMENERO
TOWER
UNIVESITE

40 - Gardening

```
J D D D O W O B R M B O W C V N
F X G T V R O B C X J R H H P Y
H Z N M Y I Z D A M L C Y I X E
E O T E U Q U O B W S H Z N O N
X N S M B E W U M H J A I Y B G
O A O E W D I L A H K R N E L O
T A P C L Y N H S V F D S W O N
I U M Q V B H U T O M V I E S N
C N O Z T F I L A E Z L N D S U
P Q C K F L S D M O W T S G O N
L E F U A O V G E S F D I P M B
A U A Y N R E N I A T N O C J P
Q H P U Y A K U Y A M B I R A O
I V V Y X L Q L R S R K N O K L
R R M J L W B I N J L B C S X X
L Q T O Z T L J P O J D O X U A
```

BLOSSOM
BOUQUET
KHALIDWE
COMPOST
CONTAINER
KUYAMBIRA
EDIBLE
EXOTIC
FLORAL
MATSAMBA
HOSE
LEFU
CHINYEWE
ORCHARD
NYENGO
MBEWU
DOWO
ZINSINSI
MADZI

41 - Herbalism

P	P	S	G	S	B	Z	D	D	F	H	N	A	Y	Q	O
R	A	D	N	U	M	W	O	Y	D	A	K	N	X	E	R
O	S	R	C	H	Q	O	W	P	D	A	L	X	D	J	E
S	T	F	S	A	H	H	A	R	I	R	I	G	O	Z	G
E	I	L	V	L	G	W	W	E	I	N	Y	M	H	O	A
M	Z	A	O	Z	E	R	U	D	N	W	D	C	Y	V	N
A	N	V	O	O	R	Y	L	E	G	B	S	U	C	I	O
R	U	O	G	M	Y	P	I	V	R	M	A	L	T	X	C
Y	H	U	A	E	A	D	Y	A	E	Z	X	S	X	S	M
H	P	R	R	R	H	T	I	L	D	Z	R	J	I	G	A
F	O	B	O	A	O	W	M	Q	I	G	H	T	I	L	R
E	Z	M	M	V	G	R	N	M	E	E	E	J	J	N	O
N	F	K	A	T	R	D	T	L	N	M	I	N	T	E	J
N	Y	K	T	S	V	A	Q	E	T	D	S	Q	D	C	R
E	J	O	I	S	U	K	H	A	L	I	D	W	E	E	A
L	B	H	C	S	A	F	F	R	O	N	B	F	G	G	M

AROMATIC
BASIL
ZOPINDUTSA
ZOPHUNZITSA
FENNEL
FLAVOUR
LUWA
MUNDA
ADYO
ZOGIRIRA
INGREDIENT
LAVEDER
MARJORAM
MINT
OREGANO
PARSLEY
ZOMERA
UKHALIDWE
ROSEMARY
SAFFRON

42 - Vehicles

A	M	B	U	L	A	N	S	I	R	Z	I	P	E	R	S
M	O	T	O	R	S	S	Z	O	L	A	W	B	N	O	H
P	H	U	N	Z	I	T	S	I	E	K	F	G	G	C	U
H	E	L	I	K	O	P	I	T	A	A	W	T	I	K	T
O	L	G	L	S	K	I	L	W	G	K	J	A	N	E	T
K	Z	R	S	T	I	M	D	O	M	W	Z	O	E	T	L
H	T	F	G	Q	V	G	I	A	N	Q	O	B	G	T	E
M	R	R	K	C	I	R	T	C	J	C	M	O	E	A	S
X	A	E	T	M	A	D	T	B	I	X	A	T	D	L	S
Z	R	T	T	H	E	R	U	U	N	D	O	P	N	A	S
K	E	O	A	B	D	Z	A	Q	G	B	A	S	I	K	H
D	M	O	J	Y	Z	B	H	V	A	Y	N	I	I	A	H
N	N	C	J	Y	A	M	P	R	A	B	L	D	D	L	E
M	E	S	M	U	Z	R	W	H	I	N	I	B	U	A	R
Z	U	Z	O	C	K	I	I	B	M	U	G	E	V	S	C
G	A	L	I	M	O	T	O	W	A	W	N	B	Z	J	V

NDEGE
AMBULANSI
NJINGA
BOAT
BASI
GALIMOTO
CARAVAN
ENGINE
BWALO
HELIKOPITA
MOTOR
RAFT
ROCKET
SCOOTER
SHUTTLE
TAXI
MATAYARI
TALAKALA
PHUNZITSI
TRICK

43 - Flowers

J	O	N	A	D	D	K	J	H	D	T	P	R	Y	D	Z
O	R	C	H	I	D	U	E	I	A	C	O	E	X	O	R
M	Y	H	C	D	T	C	T	B	N	V	Y	N	T	Q	F
P	L	U	M	E	R	I	A	I	D	Q	Y	I	R	A	V
L	I	L	A	C	C	N	X	S	E	J	C	M	M	B	L
T	L	P	V	J	Z	O	H	C	L	A	I	S	N	G	P
U	M	J	R	I	Y	E	J	U	I	V	O	A	V	A	R
C	D	C	E	A	W	P	E	S	O	R	Y	J	X	R	U
Q	L	K	D	P	T	C	Y	D	N	O	H	M	M	D	R
G	I	O	E	Q	O	B	O	U	Q	U	E	T	A	E	Q
B	S	T	V	K	V	P	T	U	L	I	P	I	G	N	X
N	G	H	A	E	N	F	P	R	F	L	C	S	N	I	Q
C	H	U	L	N	R	Y	O	Y	S	I	A	D	O	A	W
M	P	E	N	D	A	D	Z	U	W	A	D	L	L	F	Z
E	E	Y	X	W	S	K	V	Z	K	A	Z	A	I	I	I
J	A	K	Y	M	O	F	S	D	Z	B	L	V	A	E	U

BOUQUET
CLOVER
DAISY
DANDELION
GARDENIA
HIBISCUS
JASMINE
LAVEDER
LILAC
LILY
MAGNOLIA
ORCHID
PEONI
PETAL
PLUMERIA
POPPY
ROSE
MPENDADZUWA
TULIPI

44 - Health and Wellness #1

T	Y	V	P	F	D	X	U	U	S	Z	F	Q	Q	O	M
T	H	Z	O	B	M	O	L	I	H	C	A	K	E	A	A
W	S	D	D	V	V	Z	K	A	E	C	U	V	K	Q	F
K	H	O	N	D	O	O	Z	O	G	N	V	E	Y	R	U
T	N	I	G	J	H	C	O	R	T	R	Z	C	S	Y	P
K	N	G	J	M	D	H	C	E	J	A	L	A	J	N	A
U	F	O	N	I	M	I	H	F	S	W	L	L	K	H	L
P	M	Q	I	V	R	T	I	L	R	E	Q	A	U	X	A
A	B	A	D	X	T	I	T	E	D	Y	R	W	S	G	L
N	A	L	H	N	S	K	A	X	T	N	J	H	I	E	U
D	K	U	D	O	P	A	V	C	U	I	H	K	N	X	B
A	T	P	A	N	R	G	M	V	C	M	M	N	T	C	U
K	E	U	Y	K	V	M	Y	C	A	M	R	A	H	P	K
Y	R	K	D	Y	O	B	O	V	Y	B	O	M	A	Z	Z
N	I	C	L	I	N	I	C	N	P	B	N	T	G	S	X
V	A	R	U	T	D	H	M	N	E	C	K	M	E	R	I

ZOCHITIKA
BAKTERIA
MAFUPA
CLINIC
DOKOTALA
KUPANDA
ZOCHITA
KUSINTHA
MAHORMONE
NJALA

KUBULALA
MINOFU
MINYEWA
PHARMACY
REFLEX
KUPULA
KHONDO
MANKHWALA
KACHILOMBO

45 - Town

Y	C	A	M	R	A	H	P	T	B	A	C	Q	Y	F	L
S	Z	T	S	L	D	C	O	R	E	N	E	M	E	S	S
T	C	E	I	Z	N	W	I	T	O	O	Y	M	J	K	U
O	X	F	K	N	A	B	Z	Q	E	L	W	U	L	K	P
R	E	L	A	L	U	B	I	A	L	L	J	S	N	F	A
E	T	P	M	S	P	C	U	X	T	U	O	E	D	L	M
I	I	Y	E	B	T	F	G	M	I	Y	Z	U	E	O	A
R	S	D	N	R	W	A	L	A	W	E	B	M	G	R	K
R	E	B	I	J	T	C	D	G	L	X	Q	M	E	I	E
U	V	A	C	C	K	M	G	I	U	L	U	K	U	S	T
K	I	K	K	L	M	A	E	M	U	E	E	V	F	T	I
A	N	E	B	I	O	B	Q	D	O	M	Z	R	Z	O	O
S	U	R	Q	N	I	U	O	L	N	N	M	V	Y	W	L
C	P	Y	N	I	F	K	Z	K	Z	B	R	L	C	A	C
T	O	G	T	C	Q	U	E	Q	S	O	G	M	Q	I	R
W	S	O	Q	G	Y	D	K	F	V	M	B	P	J	N	U

NDEGE
BAKERY
BANK
MABUKU
CINEMA
CLINIC
FLORIST
GALLERY
HOTELO
LAIBULALE
MSIKA
MUSEUM
PHARMACY
SUKULU
STADIUM
STORE
SUPAMAKETI
SEMENERO
UNIVESITE
ZOO

46 - Antarctica

W	K	H	W	M	P	E	N	I	N	S	U	L	A	M	G
M	U	S	V	C	I	S	I	I	Z	T	E	D	K	A	L
R	C	A	F	V	K	T	Q	U	M	A	V	K	U	D	C
O	H	D	Z	I	K	O	U	H	K	K	X	Z	M	Z	I
C	E	R	F	X	U	J	H	N	N	U	X	S	A	I	E
K	N	W	E	O	Q	G	H	J	D	L	G	Z	S	S	R
Y	J	I	M	W	N	M	X	E	B	U	U	G	U	A	S
Q	E	E	F	W	F	D	H	H	A	H	S	V	K	Y	O
A	Z	U	F	U	F	O	W	H	Y	C	C	H	Y	A	P
T	E	P	A	M	O	D	Z	I	I	U	N	Z	P	N	A
W	R	K	O	N	T	E	N	T	I	K	U	C	I	S	U
M	A	T	R	T	O	P	O	G	R	A	P	H	Y	I	Z
C	B	K	K	I	C	E	G	E	O	G	R	A	P	H	Y
E	X	P	E	D	I	T	I	O	N	E	L	Z	V	K	F
L	Z	I	N	T	H	U	Z	I	N	T	H	U	V	K	D
X	C	T	G	S	I	P	H	U	O	P	G	K	S	L	I

BAY
ZINTHU ZINTHU
MITUNDU
KUCHENJEZERA
KONTENTI
PAMODZI
DZIKO
EXPEDITION
GEOGRAPHY
GLCIERS
ICE
ZIISI
KUSAMUKA
PENINSULA
WOFUFUZA
ROCKY
SAYANSI
KUCHULUKA
TOPOGRAPHY
MADZI

47 - Ballet

W	A	C	F	X	R	O	O	C	S	O	T	D	Z	O	C
Y	A	B	M	A	W	A	M	A	O	V	N	S	O	R	H
E	L	C	S	A	A	C	K	F	L	I	J	Y	C	C	O
F	A	E	H	N	H	S	U	F	O	N	I	M	H	H	R
V	H	R	V	I	Y	R	B	M	R	A	U	M	I	E	E
W	K	W	Z	R	S	Q	V	R	N	R	M	U	T	S	O
B	U	M	G	E	U	O	B	M	I	Y	N	C	A	T	G
R	K	N	F	L	I	G	M	A	A	V	O	H	X	R	R
B	H	S	M	L	W	N	D	O	R	B	M	I	F	A	A
U	E	Y	A	A	P	E	N	E	E	Y	V	T	Q	Y	P
X	T	H	T	B	P	T	M	L	Z	M	E	E	S	O	H
L	U	S	O	H	G	M	D	Z	E	I	R	P	W	T	Y
Y	R	O	Z	N	M	Q	N	U	W	D	A	J	Y	T	W
C	O	M	P	O	S	E	R	C	K	X	Q	V	R	Q	J
H	F	S	D	H	M	A	P	H	U	N	Z	I	R	O	F
N	T	C	H	I	T	O	U	J	K	D	F	M	D	V	U

AMAWAMBA
ZOCHITA
OMVERA
BALLERINA
CHOREOGRAPHY
COMPOSER
OVINA
WACHISOMO
KUKHALA
MAPHUNZIRO
MINOFU
NYIMBO
ORCHESTRA
MUCHITE
KUKWEZERA
RHYTHM
LUSO
SOLO
MTENGO
NTCHITO

48 - Fashion

S	W	V	Z	N	T	C	H	I	T	O	B	A	O	L	E
V	A	A	D	O	Z	O	P	E	Z	A	B	D	L	L	U
P	B	I	H	G	Y	Z	A	M	O	D	Z	I	M	B	Q
N	W	Y	G	K	W	A	R	E	N	E	Y	O	Z	F	I
K	I	R	L	V	M	R	M	P	K	G	U	X	R	M	T
H	N	E	A	R	H	I	W	B	Z	A	Q	T	Y	B	U
L	O	D	Q	M	U	Q	N	C	I	M	I	Y	E	Z	O
A	S	I	F	O	A	M	K	I	A	R	T	J	S	X	B
C	B	O	C	H	R	L	M	W	M	I	A	P	I	M	Z
E	W	R	W	D	M	O	A	G	C	A	L	A	V	O	Z
M	A	B	U	T	A	N	I	D	Y	E	L	K	H	W	M
T	E	M	D	I	U	A	W	O	N	S	E	I	H	T	Q
M	T	E	N	G	O	A	A	J	H	R	Y	T	S	A	T
Z	O	P	H	U	N	Z	I	T	S	A	M	V	C	T	X
T	Z	A	K	H	A	L	I	D	W	E	M	Z	A	E	C
C	H	I	T	S	A	N	Z	O	H	O	V	A	R	P	A

BOUTIQUE
MABUTANI
ZOVALA
WABWINO
ZAKHALIDWE
EMBROIDERY
NDALAMA
NTCHITO
LACE
MIYEZO
MINIMALIST
ZAMODZI
WONSE
ZOYAMBIRA
CHITSANZO
ZOPEZA
ZOPHUNZITSA
MTENGO
ZOYENERA

49 - Human Body

R	V	G	X	U	G	E	L	C	C	I	C	V	I	D	U
H	C	X	E	R	B	P	S	S	H	Z	H	I	M	F	C
M	P	H	U	N	O	O	W	S	U	A	E	Q	V	B	B
E	T	Z	K	F	D	H	N	I	P	W	L	R	J	D	N
M	J	A	Q	O	N	K	U	G	E	M	K	A	G	W	F
G	A	Z	U	B	O	N	D	O	O	W	N	B	L	Z	B
J	Y	F	N	K	H	H	R	M	I	A	A	G	N	K	C
G	A	Z	U	A	K	D	C	O	Z	M	M	U	T	U	U
B	Y	X	B	P	V	H	H	K	V	O	I	J	H	I	Q
D	N	S	V	B	A	W	I	I	W	L	T	F	G	Y	T
Z	W	V	G	G	W	R	N	H	D	D	M	R	W	G	M
A	H	G	E	I	E	S	A	C	A	B	A	K	K	T	J
N	S	W	I	F	P	L	R	H	I	K	H	O	S	I	E
J	X	Y	J	G	A	K	H	U	T	U	C	W	H	E	X
A	R	R	B	V	M	M	Y	J	R	C	B	E	U	R	X
E	L	N	H	N	Y	O	Q	S	V	J	A	J	S	M	E

ANKLE
MWAZI
MAFUPA
UBONGO
CHINA
KHUTU
CHIKOMO
NKHOPE
CHALA
DZANJA
MUTU
MTIMA
NYAYA
BONDO
LEG
MWAMO
KHOSI
MPHUNO
MAPEWA
KHONDO

50 - Musical Instruments

G	I	T	S	F	F	Y	G	U	K	R	N	L	L	H	T
A	O	E	N	G	M	T	K	U	W	W	U	D	I	C	A
U	E	N	O	H	P	O	X	A	S	C	W	T	P	F	M
Z	O	I	G	M	R	N	L	L	B	W	M	B	E	V	B
I	B	R	T	A	A	A	M	A	M	A	C	N	N	H	O
E	O	A	Q	W	H	I	L	W	A	T	S	G	G	S	U
D	R	L	Y	C	L	P	R	H	N	I	V	S	A	E	I
V	R	C	G	P	K	P	I	K	D	U	M	R	O	E	N
E	T	U	L	F	J	Z	R	N	O	G	F	X	I	O	E
T	A	B	M	I	R	A	M	A	L	Z	J	R	M	R	N
Z	O	K	H	U	D	Z	A	M	I	C	P	R	F	K	I
C	J	P	Z	J	D	A	C	I	N	O	M	R	A	H	L
I	N	O	J	G	G	B	F	W	J	L	J	W	Q	Z	O
W	A	T	X	W	N	V	C	D	Z	L	A	J	R	Z	I
N	B	E	E	O	V	R	S	A	Y	E	E	X	C	M	V
Y	H	K	S	B	F	H	D	Y	L	C	B	R	E	E	F

BANJO
BASSOON
CELLO
CLARINET
DRUM
ZOKHUDZA
FLUTE
GONGA
GUITA
HARMONICA
HARP
MANDOLIN
MARIMBA
OBOE
MANKHWALA
PIANO
SAXOPHONE
TAMBOUINE
LIPENGA
VIOLIN

51 - Fruit

K	Y	M	I	M	N	T	B	A	S	R	F	M	A	U	G
B	F	B	I	X	A	E	A	M	D	C	W	Q	Q	T	B
V	W	E	N	D	E	N	C	K	O	L	Y	N	D	E	O
A	I	D	B	G	Q	M	D	T	P	I	C	H	E	S	I
P	T	G	E	U	Z	A	K	I	A	L	A	Y	E	P	H
U	O	A	R	A	S	N	O	R	M	R	D	U	S	U	C
L	K	O	R	V	Q	G	K	E	C	U	I	W	I	K	O
O	I	E	Y	A	Q	O	O	H	H	K	N	N	B	Q	H
S	R	A	W	P	D	T	N	C	I	T	E	T	E	F	T
I	U	T	B	T	S	Q	A	T	T	F	J	M	M	H	N
M	P	H	A	T	S	O	T	Y	H	E	N	M	F	Q	Y
Q	A	U	C	B	J	T	I	Z	A	N	A	N	I	H	C
R	A	S	I	P	I	B	E	R	I	P	L	J	K	P	M
E	N	E	G	K	Q	G	U	Y	B	K	A	K	K	Z	V
T	W	C	Y	X	X	S	Q	E	L	I	L	P	V	G	N
Z	X	F	L	F	O	L	E	U	Z	H	W	Y	O	U	S

APULOSI
APURIKOTI
NTHOCHI
BERRY
TCHERI
KOKONATI
CHITH
MPHATSO
GUAVA
KIWI
MANDIMU
MANGO
VWENDE
NECTARINE
LALANJE
PAPAYA
PICHESI
PEYALA
CHINANAZI
RASIPIBERI

52 - Engineering

A	K	X	L	W	N	K	V	N	A	S	N	N	D	D	K
N	A	Y	X	L	J	G	U	P	M	B	D	R	I	I	U
G	N	K	L	N	R	I	O	K	I	G	S	P	A	A	G
E	J	J	E	D	P	A	R	H	H	W	H	Q	G	M	A
L	I	Y	M	A	G	A	I	Y	A	A	W	Y	R	E	W
O	R	F	B	X	L	F	W	R	P	L	L	O	A	T	A
F	A	K	A	B	I	C	S	I	N	A	K	A	M	E	N
A	M	A	Z	U	K	H	R	Q	U	K	B	T	X	R	I
Z	L	K	V	P	N	A	G	N	E	R	E	W	U	K	D
E	N	G	I	N	E	X	D	I	Z	I	L	O	V	Z	W
Y	K	P	W	D	Y	I	E	C	N	M	N	M	M	A	A
N	H	U	Z	Q	N	S	R	E	V	E	L	O	A	M	M
O	Y	E	P	Z	C	Q	S	V	Y	M	W	T	H	A	N
S	S	Z	L	I	L	I	Q	U	I	D	G	O	P	N	I
U	K	X	Q	B	T	K	T	W	B	Q	O	R	M	G	Y
K	H	Y	K	Q	U	A	Z	Z	B	R	L	A	V	O	T

ANGELO
AXIS
KUWERENGA
ZAMANGO
KUZAMA
DIAGRAM
DIAMETER
DIZILO
KUGAWANIDWA
MPHAMVU
ENGINE
MAGAIYA
LEVERS
LIQUID
MAKANI
KUPITA
MOTOR
KUSONYEZA
KUKHALA
KANJIRA

53 - Kitchen

J	P	X	Q	K	P	G	J	P	D	I	B	A	M	B	K
I	K	L	N	F	B	R	E	Z	E	J	I	J	A	O	E
X	C	A	S	C	C	I	A	M	C	I	O	L	B	V	S
B	I	Y	M	P	H	L	V	N	A	R	U	E	U	A	U
L	A	D	L	E	O	L	L	L	K	F	F	N	K	N	D
T	Z	U	M	E	L	N	M	O	E	X	U	R	U	I	V
J	D	K	S	E	W	I	G	F	T	L	R	N	N	I	D
G	U	A	G	I	N	K	U	E	T	H	A	C	S	F	A
V	H	H	X	S	N	P	J	V	L	J	W	B	F	O	P
P	K	C	G	B	D	A	W	W	E	J	A	V	B	W	R
I	O	W	D	G	O	N	M	R	H	R	X	R	O	O	O
N	Z	M	A	P	I	N	D	U	L	U	F	U	A	Z	N
M	I	P	E	N	D	E	M	A	K	A	P	U	Z	B	A
M	A	S	I	P	O	N	I	I	K	U	O	L	O	J	G
A	Q	X	L	F	R	C	I	F	V	X	S	C	T	R	I
Y	Y	H	G	E	I	R	G	L	S	Q	E	E	I	N	M

APRON
MABUKU
ZOTI
MAKAPU
CHAKUDYA
MAFUNSO
ZAUFULU
GRILL
JAR
JUG
KETTLE
MIPENDE
LADLE
NAPKIN
OVANI
MAPINDU
FRIJI
ZOKHUDZA
SPONGE
MASIPONI

54 - Government

D	M	O	N	U	M	E	N	T	S	N	E	C	T	M	S
O	E	R	E	D	N	E	T	M	A	W	W	H	C	J	V
E	T	M	C	M	Q	M	A	N	A	G	N	I	L	U	K
W	A	V	O	A	N	A	S	U	K	K	J	L	D	N	M
Y	T	R	Q	K	P	F	H	P	S	R	F	U	Z	S	V
O	S	J	M	I	R	B	K	U	N	W	O	N	I	X	C
L	W	K	I	Z	I	A	C	I	V	I	L	G	K	F	R
E	C	E	P	N	S	Z	S	S	I	E	U	A	O	J	T
V	Y	T	R	E	B	I	L	I	L	X	M	M	F	V	E
D	J	R	B	U	O	V	J	K	Z	O	A	O	N	B	A
H	I	G	V	Q	Z	L	L	K	B	D	L	M	R	C	G
J	E	C	Q	W	P	A	U	Z	S	A	A	V	T	L	E
I	N	A	N	A	R	I	B	M	A	K	M	F	R	G	P
N	D	A	L	E	E	K	U	L	A	N	K	H	U	L	A
K	U	D	Z	I	Y	I	K	A	D	L	H	X	K	G	B
Z	M	T	S	O	G	O	L	E	R	I	L	T	U	I	D

NZIKA
CIVIL
MALAMULO
DEMOKRASI
KAMBIRANANI
KUSANA
KULINGANA
KUDZIYIKA
OWERUZA
CHILUNGAMO
LAMULO
MTSOGOLERI
LIBERTY
MONUMENT
DZIKO
WAMTENDERE
NDALE
KULANKHULA
STATE

55 - Art Supplies

T	U	L	U	G	W	K	R	I	M	Z	Y	M	M	L	D
R	D	K	N	I	F	R	E	S	A	R	E	P	A	Q	O
S	N	T	U	J	F	L	P	N	S	X	H	A	L	J	N
R	U	L	C	L	E	S	A	E	A	A	R	N	A	A	G
N	T	W	G	F	E	W	P	P	B	C	Z	D	N	S	O
O	I	Z	N	E	P	N	Q	A	A	M	I	A	G	Y	M
I	M	A	K	A	L	A	G	M	S	A	N	T	I	R	M
T	E	B	U	L	O	R	O	A	H	K	T	U	Z	N	P
B	H	R	S	W	Z	E	M	C	I	A	H	F	O	G	O
M	I	W	I	Y	D	M	M	Z	M	L	U	A	Z	Y	F
G	E	R	A	C	R	A	M	S	B	A	Z	M	P	F	T
J	L	H	Z	D	W	K	A	W	E	Y	A	P	F	Z	H
X	M	L	U	E	C	K	D	L	A	O	M	X	U	M	Z
O	M	X	F	V	M	K	Z	R	Q	N	A	L	S	L	D
L	M	P	V	C	Z	P	I	N	U	I	T	X	E	J	O
N	E	T	J	Z	H	G	Z	L	A	D	I	U	H	R	D

MASABASHI
KAMERA
MPANDA
MAKALA
DONGO
MITUNDU
MAKALAYONI
KULENGA
EASEL
ERASER
GULU
MALANGIZO
INK
MAFUTA
PENZI
PAPER
MAPENSI
TEBULO
MADZI
ZINTHU ZAMATI

56 - Science Fiction

J	X	G	S	T	U	Q	W	P	G	O	Z	Y	V	N	T
H	W	W	H	W	U	G	X	V	N	A	D	X	B	D	E
M	X	S	A	I	P	O	T	S	Y	D	Z	W	O	C	K
A	V	F	M	Q	F	C	R	B	K	N	I	A	C	X	N
R	Y	X	A	L	A	G	N	A	G	Q	K	K	C	Q	O
O	V	A	N	D	B	M	E	M	C	L	O	U	I	Z	L
B	I	U	K	U	B	A	M	E	A	L	J	T	W	V	O
O	X	Y	H	N	Q	J	T	N	D	K	E	I	N	S	J
T	A	G	W	A	R	I	Z	I	N	A	G	O	Z	M	I
I	R	F	A	W	Y	N	I	C	J	G	R	T	C	S	A
D	W	J	L	D	J	D	F	E	L	P	L	A	N	E	T
L	I	O	A	M	O	T	O	Q	G	O	X	I	A	N	A
K	W	A	M	B	I	R	I	Q	I	H	U	P	C	O	I
C	H	I	P	E	M	B	E	D	Z	O	N	O	B	C	K
Z	A	C	H	I	N	S	I	N	S	I	J	T	G	L	G
F	U	T	U	R	I	S	T	I	E	A	K	U	P	U	K

MABUKU
MANKHWALA
CINEMA
CONES
WAKUTI
DYSTOPIA
KUPUKA
KWAMBIRI
MOTO
FUTURISTI
GALAXY
CHIPEMBEDZO
ZOGANIZIRA
ZACHINSINSI
ORACLE
PLANET
MAROBOTI
TEKNOLOJIA
UTOPIA
DZIKO

57 - Geometry

B	Z	G	T	T	J	K	O	L	M	Y	O	Y	U	N	P
C	O	L	E	G	N	A	U	D	O	E	I	Z	G	O	Z
V	T	N	E	M	G	E	S	W	C	G	D	R	M	I	O
Z	H	C	I	R	C	L	E	L	E	A	I	I	G	T	Y
R	A	S	Y	M	M	E	T	R	Y	R	G	C	A	A	E
E	N	E	M	A	P	D	L	N	P	R	E	B	M	U	N
T	D	D	M	L	A	M	W	E	M	I	W	N	T	Q	E
E	I	I	A	Z	K	A	D	N	A	P	I	M	G	E	R
M	Z	M	L	Y	U	S	M	S	J	R	W	P	P	A	A
A	A	E	O	A	I	I	K	U	S	I	N	T	H	A	Y
I	F	N	T	S	O	D	U	B	B	T	M	S	N	I	N
D	C	S	L	M	Q	M	V	V	G	W	G	L	H	N	K
I	Q	I	J	Z	V	Y	B	E	X	N	E	C	Y	V	C
R	O	O	R	I	Z	N	U	H	P	O	M	L	B	J	B
P	F	N	T	I	N	G	A	T	A	T	U	V	A	O	U
P	B	U	N	O	T	T	E	R	D	K	F	W	G	O	U

ANGELO
KUWERENGA
CIRCLE
MIPANDA
DIAMETER
DIMENSION
EQUATION
KUSINTHA
ZOYENERA
LOGIC

MASI
MEDIA
NUMBER
ZOTHANDIZA
MALO
SEGMENT
PAMENE
SYMMETRY
PHUNZIRO
TINGATATU

58 - Airplanes

D	Q	M	F	F	E	J	T	H	Z	N	Y	P	Z	B	M
D	S	P	O	G	N	O	D	K	E	F	P	L	B	P	A
C	D	C	P	C	A	L	A	T	U	K	F	V	N	S	L
G	A	R	E	W	K	O	W	X	A	L	D	V	W	F	A
E	R	Y	H	N	I	N	I	J	O	R	A	H	A	Z	N
Y	S	Z	P	X	T	K	S	Y	L	K	B	D	P	L	G
K	U	W	M	G	I	B	A	L	U	O	N	I	I	M	I
C	W	F	S	R	H	X	R	M	L	H	H	E	E	N	Z
M	S	Z	B	X	C	F	X	Z	A	M	A	N	G	O	O
D	A	K	I	M	O	C	R	E	W	U	Z	I	J	I	J
H	O	F	Y	I	Z	M	T	I	M	A	V	G	M	T	I
J	F	D	U	K	U	S	I	N	T	H	A	N	O	C	B
T	J	Z	S	T	Z	Y	I	H	S	T	J	E	D	E	M
M	B	I	R	I	A	P	E	L	X	V	G	G	O	R	L
W	O	Y	A	M	B	I	R	A	X	M	B	P	X	I	Q
C	H	I	P	W	I	R	I	K	I	T	I	S	I	D	N

ZOCHITIKA
MPHEPO
MTIMA
BALUONI
ZAMANGO
CREW
DSCENT
DONGO
DIRECTION
ENGINE
MAFUTA
KUSINTHA
MBIRI
ZA HAROJINI
KUTALA
WOKWERA
WOYAMBIRA
MALANGIZO
SKY
CHIPWIRIKITI

59 - Birds

F	J	V	Q	S	P	E	D	X	B	A	Q	K	S	T	U
V	H	X	V	I	F	E	D	L	M	I	W	T	R	R	X
E	P	C	O	G	I	W	L	X	H	S	V	O	P	V	F
W	J	E	R	S	K	M	K	I	R	Y	V	P	J	I	N
K	U	K	O	O	T	Y	F	T	C	R	A	B	R	S	X
E	A	P	Z	X	L	Z	M	S	Q	A	H	K	A	B	C
S	P	A	R	R	O	W	O	W	C	N	N	C	L	G	E
T	D	I	D	H	H	V	K	A	A	A	O	P	A	G	S
F	L	A	M	I	N	G	O	N	N	C	R	E	W	U	Y
Z	M	D	N	W	M	G	K	K	N	C	E	N	G	L	M
N	T	H	I	W	A	T	I	W	A	O	H	G	N	U	I
P	R	B	L	N	C	V	P	W	C	Y	O	U	A	S	P
E	C	D	S	H	N	X	A	M	U	J	X	I	W	Z	U
J	G	D	P	S	T	O	R	K	O	W	K	N	H	P	Z
E	B	G	P	A	R	R	O	T	T	U	B	T	K	D	E
M	P	H	U	N	G	U	K	I	J	N	K	H	U	K	U

CANARY
NKHUKU
KHWANGWALA
KUKOO
BAKHA
MPHUNGU
EGG
FLAMINGO
TSEKWE
GULU
HERON
NTHIWATIWA
PARROT
PIKOKO
PELICAN
PENGUIN
SPARROW
STORK
SWAN
TOUCAN

60 - Nutrition

H U K R O Y H V C O O A M P H Y
D R V S O S D Y E P O Q A U C N
I J P R A M I A J D U N M E M X
Z O W A W A A Z I D N A H T O Z
E V E S Z T R K U Z U U S M A U
N I D T A I I F A R E M E L U K
E T I I K H L L X L A I O H M H
M A B R U C A A P Q O W Y Y S A
I M L I D O G V Z O E R E Z O L
Z I E W Y Z N O N P X H I M S I
Q N G U A K I U W N F I L R S D
X Q G K I N L R E U T O N P K W
A Z D U H K O Z O S A N K H A E
Z O P I T A Z K X H U P Y B L T
W J B X Y E V V X D M A P L A M
I R U O R C D B O T O W P F E E

ZOLINGALIRA
ZOWAWA
MAKALORI
ZERE
ZOSANKHA
ZAKUDYA
EDIBLE
KUWIRITSA
FLAVOUR
ZOCHITA
UMOYO
ZIMENEZI
ZOTHANDIZA
ZOPITA
UKHALIDWE
MSUU
ZOKHUDZA
POXIN
VITAMIN
KULEMERA

61 - Hiking

A	B	F	E	M	A	D	Z	I	T	U	B	K	M	V	X
L	T	U	D	Q	Z	E	J	J	O	X	E	W	F	T	C
A	U	W	N	A	P	W	V	E	A	C	W	N	Z	E	W
N	R	D	L	K	C	I	P	Z	M	P	D	N	O	P	H
G	D	M	N	A	A	P	O	T	A	W	E	N	P	L	R
I	Z	Z	L	P	L	M	F	R	Y	D	G	C	A	E	D
Z	U	Y	A	A	A	D	B	D	N	G	N	H	N	G	J
I	W	C	O	M	Y	S	K	I	P	P	E	Y	D	P	M
C	A	E	W	D	I	L	A	H	K	H	L	N	A	F	A
X	L	A	R	E	M	E	L	O	Z	U	I	E	J	M	L
T	M	I	S	U	M	M	I	T	E	Q	H	R	H	A	A
E	E	B	F	Q	X	M	A	J	N	J	C	O	I	P	N
K	Q	I	J	F	T	A	T	G	M	D	I	X	U	V	G
Y	U	Q	P	W	X	A	P	L	D	K	S	H	H	H	I
O	G	U	G	A	U	X	A	K	I	T	I	H	C	O	Z
B	S	P	J	K	U	K	O	N	Z	E	K	E	R	A	O

NYAMA
BUTI
NKAMBI
CLIFF
KHALIDWE
ALANGIZI
ZOPANDA
ZOLEMERA
MAP
PHIRI
CHILENGEDWE
MALANGIZO
MAPAKA
KUKONZEKERA
MIYALA
SUMMIT
DZUWA
WATOPA
MADZI
ZOCHITIKA

62 - Professions #1

W	U	W	A	P	I	A	N	I	Y	O	N	N	U	W	M
L	O	R	E	H	P	A	R	G	O	T	A	K	P	O	P
O	I	V	B	D	S	D	L	A	M	A	M	B	L	Y	H
F	Y	P	I	C	X	X	Q	A	K	F	E	R	Z	I	U
O	D	D	Q	N	R	N	T	D	T	W	N	V	M	M	N
E	K	K	K	R	S	E	W	H	P	O	E	A	P	B	Z
T	A	I	L	O	R	A	C	O	Y	M	K	H	K	I	I
B	H	S	E	D	W	T	N	T	Y	R	G	O	A	L	T
A	W	A	S	A	Y	A	N	S	I	E	Z	C	D	A	S
N	D	B	Q	S	S	M	A	Q	Z	B	R	H	S	G	I
K	C	M	S	S	M	A	E	G	N	M	U	A	R	F	U
E	V	A	P	A	J	Y	A	K	O	U	U	L	K	P	P
R	C	Y	K	B	M	N	U	I	K	L	N	T	V	E	W
S	N	O	V	M	U	A	O	N	M	P	W	J	D	P	F
H	E	W	W	A	I	W	H	U	N	T	E	R	S	C	F
B	E	F	X	W	A	P	H	A	R	M	A	C	I	S	T

AMBASSADOR
WANYAMATA
WOYAMBA
BANKER
KATOGRAPHER
MPHUNZITSI
WOVINSA
DOKOTALA
MKONZI
HUNTER
WOYIMBILA
NAMENE
WA PHARMACIST
WAPIANIYO
PLUMBER
WOYERA
WASAYANSI
TAILOR

63 - Barbecues

N	A	C	O	M	C	H	E	R	E	C	N	F	T	P	O
Z	K	Z	M	A	F	U	N	S	O	H	S	J	O	B	B
B	L	H	T	Q	Q	K	S	E	L	I	A	T	A	O	M
A	Y	D	U	K	A	H	C	B	S	P	L	C	H	L	G
J	M	I	O	K	X	C	H	G	A	A	A	S	Y	Q	A
N	T	M	C	R	U	I	M	G	N	T	D	Y	G	G	C
A	M	A	S	E	W	E	R	O	A	S	B	T	L	I	F
B	O	O	D	E	W	D	W	X	A	O	B	M	I	Y	N
L	F	M	R	E	N	M	U	E	E	I	K	K	C	U	D
F	Z	V	L	D	N	M	I	Z	N	E	W	B	A	M	D
Q	Q	M	D	N	T	S	C	L	M	A	S	A	M	B	A
P	A	G	N	E	T	U	K	Y	I	Z	E	Y	N	A	M
N	U	E	F	P	Y	U	K	Z	K	H	U	A	M	W	T
F	M	G	R	I	L	L	C	N	K	I	C	D	F	Z	K
U	S	L	F	M	Q	G	O	E	L	W	G	O	P	W	L
N	Y	A	M	A	F	U	Z	N	H	O	Z	C	P	C	Z

NKHUKU
ANA
BANJA
CHAKUDYA
MAFUNSO
ABWENZI
CHIPATSO
MASEWERO
GRILL
KUTENGA
NJALA
MIPENDE
NYIMBO
ANYEZI
SALAD
MCHERE
MSUU
CHILIMWE
NYAMA
MASAMBA

64 - Chocolate

M	A	M	W	J	M	B	P	P	A	B	N	H	N	L	I
K	A	R	A	E	H	Z	S	H	U	K	U	K	A	C	V
B	R	S	O	X	U	E	O	O	K	O	M	A	U	A	K
D	E	K	I	M	Y	D	U	K	J	M	U	C	K	C	M
U	M	U	T	W	A	N	O	X	O	T	D	U	H	A	A
F	O	K	A	W	I	E	T	Z	U	N	O	T	A	O	P
C	K	H	N	X	Y	T	X	Z	P	E	D	N	L	G	I
A	O	A	O	Q	P	A	I	Y	H	I	D	A	I	J	N
R	Z	L	K	R	D	M	G	K	T	D	U	D	D	F	D
A	Y	A	O	B	L	K	D	C	C	E	M	I	W	Q	U
M	M	A	K	A	L	O	R	I	W	R	E	X	E	V	A
E	F	L	A	V	O	U	R	T	H	G	O	O	M	Q	P
L	B	D	C	P	Q	V	P	O	Q	N	F	I	C	B	Q
P	U	Z	O	W	A	W	A	X	E	I	L	T	I	P	W
K	U	L	A	W	A	A	S	E	I	X	M	N	Y	M	N
T	F	V	X	C	D	O	X	R	R	C	Y	A	G	X	M

ANTIOXIDANT
AROMA
ZOWAWA
CACAO
MAKALORI
MASIWITI
CARAMEL
KOKONATI
KUKHALA
ZOKOMERA
EXOTIC
ZOKONDA
FLAVOUR
INGREDIENT
MATENDE
UKHALIDWE
MAPINDU
SHUKUKA
OKOMA
KULAWA

65 - Vegetables

P	E	A	B	A	W	A	L	U	F	I	L	O	K	Z	S
L	T	N	I	W	N	J	O	G	U	R	X	V	G	X	I
N	U	D	R	O	R	Y	J	N	K	A	R	O	T	I	P
T	R	V	I	B	E	E	E	U	N	L	J	Y	V	D	I
C	N	M	N	H	K	L	V	Z	F	E	E	D	C	K	N
H	I	K	G	Y	S	S	D	A	I	S	Q	A	B	K	A
I	P	H	A	F	N	R	K	M	T	A	C	M	W	R	C
T	D	A	N	F	K	A	A	F	U	H	B	Y	K	A	H
O	P	K	Y	L	E	P	X	T	K	E	H	P	J	D	I
E	T	A	A	Y	F	Y	D	D	I	M	F	G	S	I	M
W	W	A	A	T	T	V	J	Q	Z	T	A	Q	P	S	P
Z	N	Z	M	S	A	L	A	D	A	C	C	Y	N	H	C
I	L	O	K	O	R	U	B	Q	W	I	C	H	M	I	X
B	T	S	X	Q	T	R	R	O	W	Z	I	D	O	R	R
A	N	R	H	R	Q	D	C	Y	U	D	W	S	V	K	D
U	T	S	N	M	G	Q	C	O	Z	P	R	L	C	Z	U

ATITCHOKU
BUROKOLI
KAROTI
KOLIFULAWA
SELARI
MKHAKA
BIRINGANYA
ADYO
NTCHITO
BOWA

WAZIKUTI
ANYEZI
PARSLEY
PEA
MAZUNGU
RADISHI
SALAD
SIPINACHI
TOMATO
TURNIP

66 - The Media

Z	E	A	D	I	Y	Q	P	S	U	A	F	G	P	S	C
V	I	D	N	N	D	A	L	A	M	A	F	U	Y	M	W
W	T	T	I	T	Y	R	F	Q	L	T	W	R	M	E	V
A	E	M	H	T	H	D	V	G	T	K	V	T	A	W	B
Y	N	A	Z	U	I	U	X	M	A	G	N	E	L	O	Z
I	A	P	O	W	N	O	M	A	N	I	Z	W	O	Z	P
L	T	H	C	A	G	Z	N	G	A	N	M	D	T	I	D
E	N	U	H	L	G	N	I	A	L	D	B	I	I	N	I
S	I	N	I	U	K	G	E	Z	U	U	S	L	H	A	G
I	A	Z	T	N	A	J	F	I	H	S	I	A	C	G	I
N	P	I	I	D	Y	G	Y	N	K	T	I	H	T	A	T
I	G	R	K	U	C	O	C	I	N	R	W	K	N	M	A
H	I	O	A	L	Q	N	G	T	A	Y	J	A	I	G	L
V	Y	R	L	U	V	V	M	E	L	T	Q	M	T	W	F
E	R	B	U	V	P	T	A	L	U	P	A	I	H	A	M
R	W	N	N	G	C	U	R	M	K	R	O	W	T	E	N

ZOLENGA
MAKHALIDWE
NTCHITO
KULANKHULANA
DIGITAL
EDITION
MAPHUNZIRO
ZOCHITIKA
NDALAMA
INDUSTRY
WALUNDULU
MALO
NETWORK
MAGAZINI
PA INTANETI
MAGANIZO
ZITHUNZI
ANTHU
WAYILESI
WATV

67 - Boats

E	J	N	I	S	T	M	G	S	X	E	W	V	L	S	N
N	J	K	F	V	H	T	E	D	Y	W	Y	V	Q	D	Y
G	E	A	N	C	Y	R	E	E	E	Y	P	P	O	J	A
I	L	T	C	W	B	Y	A	C	H	T	K	T	F	H	N
N	M	O	O	R	Q	W	C	M	Z	D	R	V	U	C	J
E	D	I	T	C	L	K	A	Y	A	K	B	O	A	T	A
C	H	U	G	I	O	S	F	L	O	S	F	B	H	S	Z
B	A	G	N	E	N	I	H	C	O	W	T	R	A	F	T
U	U	N	R	Z	A	N	A	U	T	I	C	A	L	T	A
Y	P	Y	O	W	O	Y	E	R	A	N	F	T	Z	K	R
O	M	E	H	E	D	N	U	F	A	M	P	M	H	I	Q
F	Q	K	C	O	D	O	S	F	I	H	C	R	E	W	M
N	K	T	N	W	K	R	O	M	I	N	M	G	A	Y	Y
J	S	E	A	L	L	O	C	D	D	T	I	W	Z	U	Z
M	C	W	R	Q	U	Z	M	Z	Z	K	O	V	C	G	B
P	O	I	H	Z	B	R	E	K	I	V	S	E	I	F	Z

ANCHOR
BUYO
CANOE
CREW
DOCK
ENGINE
BWALO
KAYAK
NYANJA
MAST
ZA NAUTICAL
RAFT
MTSINJE
CHINENGA
BOAT
WOYERA
TIDE
MAFUNDE
YACHT

68 - Activities and Leisure

U	H	X	Q	E	M	T	R	A	K	U	M	E	S	U	K
K	L	Z	C	A	P	Y	E	Y	P	E	B	O	A	R	M
U	U	Y	L	O	I	O	U	N	L	M	A	R	H	Z	P
W	H	E	T	B	K	A	D	O	S	P	S	F	K	Z	I
E	M	V	F	F	I	V	D	H	I	I	E	R	C	K	R
Z	J	F	M	W	S	I	D	K	H	E	B	L	Q	U	A
A	X	G	B	Y	A	E	U	N	U	F	A	Y	A	L	R
N	U	A	H	T	N	I	S	U	K	F	L	O	G	I	I
S	O	D	I	J	O	R	I	T	Y	I	L	R	N	M	B
O	F	S	F	B	T	D	N	H	G	Y	O	D	E	A	M
M	H	A	C	X	E	T	N	K	J	G	E	K	T	M	A
B	K	U	P	A	N	D	A	E	A	Z	Y	K	U	U	S
A	G	N	E	R	E	W	U	K	L	M	X	O	K	N	U
Z	O	T	H	A	N	D	I	Z	A	U	B	A	L	D	K
M	P	I	L	A	W	A	V	O	L	O	B	I	H	A	Q
R	N	N	T	H	B	X	Z	V	N	G	D	Y	C	B	G

ART
BASEBALL
NKHONYA
NKAMBI
KUWERENGA
KUWEZA NSOMBA
KULIMA MUNDA
GOLF
KUPANDA
ZOTHANDIZA
MPIKISANO
KUSINTHA
KUTENGA
MPIRA
KUSEMUKA
KUSAMBIRA
TENSI
ULENDO
MPILA WAVOLO

69 - Driving

A	N	C	X	J	M	E	G	M	R	T	O	X	C	C	R
P	O	L	I	S	I	Q	A	A	J	R	W	Z	H	U	F
M	I	O	J	T	T	O	R	B	S	A	M	B	I	J	L
L	E	N	N	U	T	R	A	U	U	F	A	A	T	W	J
W	I	N	G	O	Z	I	G	L	M	F	P	S	E	I	H
Q	K	C	I	R	T	W	E	U	O	I	I	I	T	Y	D
M	K	S	E	K	I	I	W	K	T	C	Q	C	E	R	M
X	A	F	Z	N	J	L	D	I	O	X	B	I	Z	V	G
G	H	F	K	O	S	X	E	B	R	Z	L	F	O	F	C
A	A	X	U	K	Z	E	D	U	P	G	N	T	K	Z	Q
O	G	L	Y	T	P	Y	N	W	O	Y	E	R	A	V	O
L	N	W	I	D	A	S	E	E	R	G	E	S	I	V	M
Y	I	F	G	M	Y	X	Y	S	S	W	K	H	Q	T	R
U	J	F	A	H	O	V	A	M	I	Y	U	G	O	R	N
O	N	G	J	Z	A	T	M	H	V	G	K	Q	I	X	Z
E	N	Y	M	L	X	Y	O	S	M	O	T	B	R	H	K

MABULUKI
BASI
GALIMOTO
NGOZI
WOYERA
MAFUTA
GARAGE
GESI
LICENSE
MAP

MOTOR
NJINGA
POLISI
CHITETEZO
LIWIRO
MSEWU
TRAFFIC
MAYENDEDWE
TRICK
TUNNEL

70 - Biology

B	A	K	T	E	R	I	A	K	O	Y	R	B	M	E	L
R	E	P	T	I	L	E	W	A	Y	S	E	Y	N	X	G
Y	E	M	A	K	A	R	E	M	O	Z	M	B	G	Z	M
O	N	E	N	V	U	S	Y	A	M	P	W	O	I	S	E
U	N	S	H	R	N	S	N	Y	Q	O	R	D	S	K	M
I	Y	J	R	H	Q	U	I	N	A	A	Y	C	T	I	O
O	M	G	J	E	W	C	M	N	E	G	A	L	O	C	S
S	E	S	Y	N	A	P	S	E	T	M	K	L	T	E	O
G	Y	H	O	R	M	O	N	E	H	H	I	E	X	K	M
I	E	M	P	A	T	H	O	G	E	N	A	C	S	F	O
K	G	L	B	R	Y	B	V	N	K	O	T	N	S	Y	R
C	N	R	P	O	I	Z	L	X	L	H	I	S	F	M	H
Y	N	A	L	B	S	G	D	Q	G	E	P	B	K	C	C
O	O	G	O	N	J	I	X	Q	O	X	O	E	U	Q	E
A	N	A	T	O	M	Y	S	Y	Q	W	Z	W	H	V	R
Z	A	C	H	I	L	E	N	G	E	D	W	E	U	N	O

ANATOMY
BAKTERIA
CELL
CHROMOSOME
COLAGEN
EMBRYO
ENNYME
HORMONE
MOYO
NYAMA
KUSINTHA
ZACHILENGEDWE
MINYEWA
OSMOSIS
PATHOGEN
ZOMERA
ZOPITA
REPTILE
SYMBOSIS
SYNAPSE

71 - Professions #2

E	I	G	L	D	C	T	M	A	I	P	O	I	W	P	P
C	H	E	M	I	S	T	T	S	N	U	M	F	O	F	R
D	P	S	L	M	J	V	O	T	S	L	C	W	D	Q	S
U	E	W	X	I	P	U	L	R	V	O	O	O	Z	T	D
W	K	N	S	L	F	O	A	O	E	F	K	P	I	I	D
D	O	H	T	M	I	M	N	N	N	E	Y	H	W	D	C
W	Y	F	D	I	H	F	K	A	T	S	M	U	A	V	M
U	I	E	U	W	S	A	H	U	O	A	Z	N	G	K	L
Z	Q	Z	H	F	B	T	A	T	R	F	Q	Z	Y	I	R
V	Y	Q	T	G	U	E	N	R	E	E	N	I	G	N	E
D	H	Y	N	E	R	Z	I	Q	L	C	O	T	B	I	T
Y	H	Q	I	Q	E	L	A	V	A	L	J	S	L	X	N
G	S	M	Z	F	Z	L	D	G	D	Y	X	A	Q	N	I
U	V	U	C	R	N	K	I	Z	N	U	H	T	I	Z	A
A	R	I	B	M	A	Y	O	W	A	N	A	W	G	N	P
Y	G	Z	D	N	W	N	Y	H	W	X	E	X	K	T	R

ASTRONAUT
CHEMIST
DENTIST
WODZIWA
ENGINEER
MLIMI
ZITHUNZI
INSVENTOR
MTOLANKHANI
ZINTHU
PAINTER
WANZERU
NGWANA
WOYAMBIRA
WANDALE
PULOFESA
WOPHUNZITSA
WOFUFUZA

72 - Emotions

Z	M	B	X	Z	W	D	C	H	I	K	O	N	D	I	I
L	V	A	F	K	O	O	Z	K	U	B	O	D	Z	A	M
T	J	U	E	I	G	D	K	I	B	Q	M	T	D	G	T
B	J	G	F	G	M	H	A	H	W	N	M	C	U	W	E
A	M	A	N	Y	A	Z	I	B	U	A	A	T	L	Z	N
K	O	N	T	E	N	T	I	P	W	T	N	U	S	Q	D
Y	J	Q	Z	W	X	S	O	B	A	I	I	I	C	T	E
G	A	A	B	M	Q	E	C	K	F	T	T	K	I	H	R
V	Q	C	L	E	K	U	C	H	I	T	A	S	A	Z	E
M	X	I	I	W	J	H	M	T	A	H	T	N	A	M	I
Y	D	P	S	M	A	K	U	K	H	A	L	A	J	K	R
I	N	O	S	I	H	C	Q	G	J	N	K	D	O	W	A
X	P	B	Z	H	O	K	O	N	D	E	D	W	A	I	A
T	J	E	L	C	K	U	T	E	T	E	Z	A	N	Y	Y
W	O	Y	A	M	I	K	I	R	A	A	Q	F	W	O	Z
C	H	I	P	U	L	U	M	U	T	S	O	M	H	N	F

MKWIYO
BLISS
KUBODZA
DZIWANI IZI
KONTENTI
AMANYAZI
OKONDEDWA
MANTHA
WOYAMIKIRA
CHIMWEMWE
CHIKONDI
MTENDERE
AKUKHALA
CHIPULUMUTSO
CHISONI
WOKHUTIKA
ZODABWITSA
KUCHITA
KUTETEZA

73 - Mythology

K	C	H	I	L	O	M	B	O	D	N	P	J	P	O	O
Z	U	V	V	Z	O	J	W	D	M	A	S	D	L	C	M
A	R	S	G	E	R	F	S	G	J	V	J	A	X	G	F
B	N	C	A	Z	E	W	B	U	K	R	U	G	N	I	B
V	T	F	Y	F	H	S	W	E	R	M	Z	L	U	J	Z
N	Z	I	E	T	A	K	O	S	T	N	E	S	A	P	E
M	A	K	H	A	L	I	D	W	E	A	X	B	Q	C	C
C	G	P	W	M	A	R	C	H	E	T	Y	P	E	L	S
T	W	S	G	P	L	A	B	Y	R	I	N	T	H	N	F
V	O	K	O	H	C	H	I	L	E	N	G	E	D	W	E
Y	J	P	L	A	K	U	M	W	A	M	B	A	N	J	D
M	L	C	Y	M	V	P	M	N	E	F	B	S	E	K	L
W	B	X	S	V	O	M	L	W	X	B	Y	R	G	E	I
O	E	T	E	U	G	N	U	L	I	M	I	M	E	E	C
Z	I	K	H	U	L	U	P	I	R	I	R	O	L	S	Y
J	R	N	T	K	B	W	A	M	F	A	R	C	D	W	E

ARCHETYPE
MAKHALIDWE
ZIKHULUPIRIRO
CHILENGEDWE
MILUNGU
TSOKA
KUMWAMBA
HERO
KUSAFA
NSANJE
LABYRINTH
LEGEND
MVULA
CHILOMBO
WAMFA
KUBWEZA
MPHAMVU
BINGU

74 - Agronomy

R	Z	R	V	D	I	D	P	W	H	W	G	G	K	O	P
C	H	R	M	U	U	W	E	B	M	J	B	T	U	K	D
A	H	R	E	Z	I	L	I	T	R	E	F	W	D	K	Z
M	C	A	E	M	O	R	I	Z	N	U	H	P	Z	X	I
A	E	V	K	J	R	O	S	M	D	M	Y	C	I	G	K
S	I	K	O	U	P	A	N	D	I	P	G	J	K	H	O
A	E	T	U	A	D	Y	A	C	G	H	O	F	H	H	E
M	T	A	D	K	A	Y	Y	J	B	A	L	C	A	N	M
B	D	L	O	Y	O	N	A	R	E	M	O	Z	L	Q	O
A	M	I	L	U	K	N	S	Z	Z	V	K	D	I	I	R
K	U	K	H	A	L	A	O	R	I	U	E	H	S	M	G
H	H	M	A	D	Z	I	I	K	C	Y	V	A	C	U	A
R	T	S	N	A	S	T	I	N	A	Y	I	Y	U	K	N
G	N	M	A	T	E	N	D	A	Z	F	F	P	Q	R	I
X	I	Q	A	C	W	X	N	Y	C	C	L	W	A	O	C
P	Z	M	H	P	N	A	L	C	V	H	U	K	Q	I	Q

ULIMI
MATENDA
EKOLOGY
MPHAMVU
DZIKO
KUKONOKA
KULIMA
FERTILIZER
CHAKUDYA
ORGANIC
ZOMERA
KUYIYANITSA
KUKHALA
KUDZIKHALI
SAYANSI
MBEWU
PHUNZIRO
ZINTHU
MASAMBA
MADZI

75 - Hair Types

P	P	C	W	U	B	V	V	W	S	B	D	N	S	K	U
H	H	N	A	T	Q	Z	M	M	A	S	L	R	U	C	K
Q	J	S	F	A	C	W	J	P	R	V	G	O	P	J	V
Y	R	H	U	L	G	S	M	L	E	L	Y	R	N	D	J
Q	O	I	P	I	P	Q	A	D	N	E	Y	O	W	D	B
C	G	N	I	T	L	R	A	R	E	Y	O	W	H	I	I
X	O	Y	W	A	N	P	Z	G	Y	W	A	K	U	D	A
L	E	L	E	L	G	U	L	U	O	F	B	R	O	W	N
Y	G	P	O	I	L	L	Y	G	W	W	P	E	V	N	A
S	W	B	K	R	M	T	A	N	D	A	J	V	T	C	T
A	I	C	K	V	E	G	D	T	T	Z	S	L	V	Z	O
T	Z	F	H	T	S	D	I	A	R	B	N	I	O	N	P
V	Q	O	D	S	F	Z	A	M	A	M	Q	S	X	B	O
A	K	U	L	U	K	I	D	W	A	W	E	F	O	Z	L
C	V	U	T	N	G	S	I	Q	Q	R	W	G	H	I	V
O	S	G	N	H	W	I	Y	L	I	Z	V	O	X	K	T

MTANDA
WAKUDA
BLONDI
AKULUKIDWA
BRAIDS
BROWN
COLORED
CURLS
LOPOTANA
ZAMA
GULU
UTALITALI
SHINY
WAFUPI
SILVER
ZOFEWA
WOYENERA
WOYENDA
WAVY
WOYERA

76 - Garden

I	N	J	L	Q	L	Z	Z	M	G	V	G	V	Z	C	G
H	A	M	M	O	C	K	Q	T	A	F	R	T	I	Q	C
C	M	T	I	M	A	L	S	E	R	L	A	O	J	N	Q
N	W	A	L	T	B	B	O	N	A	V	S	H	I	B	E
E	P	F	L	B	M	I	U	G	G	M	S	E	A	H	S
B	C	Z	A	W	U	O	K	O	E	C	Q	X	V	M	V
H	V	A	H	C	N	S	H	K	O	R	C	H	A	R	D
O	D	A	R	V	D	V	O	B	F	B	V	M	J	K	R
S	O	B	D	R	A	E	N	I	L	O	P	M	A	R	T
E	A	A	U	U	E	J	D	N	O	P	D	V	M	N	C
D	U	G	G	I	L	T	E	D	U	R	A	K	E	F	Y
F	C	F	L	P	W	U	V	W	A	H	G	R	F	I	W
M	P	A	N	D	A	F	W	M	K	V	U	V	V	C	X
N	S	L	K	V	Y	O	I	A	T	P	W	T	U	W	M
V	Y	J	K	O	K	H	S	U	B	T	S	V	F	M	I
B	Y	H	Z	A	T	P	P	T	U	H	O	N	Q	Y	C

BENCHI
BUSH
MPANDA
LUWA
GARAGE
MUNDA
GRASS
HAMMOCK
HOSE
LAWN
ORCHARD
POND
KHONDE
RAKE
PHOFU
TERRACE
TRAMPOLINE
MTENGO
VINE
MTIMA

77 - Diplomacy

C	F	B	D	N	E	A	A	U	Y	U	V	O	C	A	Q
K	H	H	H	Q	N	N	D	G	B	V	T	M	S	R	H
K	U	I	P	E	Q	T	V	G	D	W	P	J	F	Z	A
A	E	S	L	P	G	H	I	B	F	I	I	D	O	I	M
M	Q	M	A	U	Q	U	S	I	T	S	A	N	M	C	B
B	O	S	N	N	N	H	E	L	A	D	N	B	O	I	A
I	K	V	A	B	G	G	R	M	A	Q	Y	R	O	T	S
R	U	C	Z	F	Y	A	A	L	A	H	K	A	M	A	S
A	S	H	I	H	T	T	N	M	M	U	B	J	M	M	A
N	I	I	R	U	B	W	X	A	O	H	I	N	S	O	D
A	N	T	I	H	H	U	A	E	B	S	M	I	D	L	O
N	T	E	W	E	D	W	F	K	B	I	X	H	K	P	R
I	H	T	G	T	Z	N	H	A	P	Q	L	C	H	I	F
G	A	E	U	L	F	T	A	B	F	T	C	A	B	D	V
Z	S	Z	K	Z	I	N	E	N	E	R	O	W	R	H	D
I	Z	O	L	A	B	U	S	V	L	O	Q	B	R	N	L

ADVISER
AMBASSADOR
ANTHU
KUSANGANA
KUGWIRIZANA
DIPLOMATIC
KAMBIRANANI
UBALOZI
AMAKHALA
WACHINJA
BOMA
UBWINO
CHILUNGAMO
ZINENERO
NDALE
KUSINTHA
CHITETEZO

78 - Countries #1

J	I	P	E	H	N	A	L	E	U	Z	E	N	E	V	F
V	Q	N	I	A	P	S	W	I	L	E	A	R	S	I	I
B	R	T	D	B	J	T	H	O	B	D	U	E	T	O	N
U	Z	Q	T	I	V	K	H	T	P	Y	G	E	Q	H	L
I	T	A	L	Y	A	W	R	O	N	N	A	I	Z	O	A
H	T	I	V	I	E	T	N	A	M	A	R	Y	X	U	N
E	M	V	V	E	Q	D	P	R	A	M	A	N	A	P	D
X	G	T	M	M	E	K	H	O	X	R	C	O	D	J	J
P	T	A	U	Q	E	Q	R	C	A	E	I	R	A	H	N
D	B	L	T	S	A	O	W	C	W	G	N	V	N	N	A
P	L	U	I	G	W	D	R	O	M	A	N	I	A	F	F
I	O	N	X	Z	I	M	X	R	B	H	E	R	C	R	A
S	E	N	E	G	A	L	M	O	W	O	J	H	J	O	C
A	B	K	W	S	R	R	F	M	B	W	M	P	B	V	Q
T	P	O	L	A	N	D	B	E	S	O	H	M	W	S	T
C	G	Q	B	O	R	Y	R	G	G	G	X	L	J	A	W

BRAZIL
CANADA
EGYPT
FINLAND
GERMANY
INDIA
ISRAELI
ITALY
LATVIA
LIBYA
MOROCCO
NICARAGUA
NORWAY
PANAMA
POLAND
ROMANIA
SENEGAL
SPAIN
VENEZUELA
VIETNAM

79 - Immigration

V	Q	V	N	R	Q	I	W	M	G	K	R	W	D	C	C
A	A	B	N	J	D	S	O	K	A	N	A	Y	Z	G	H
E	L	D	L	J	I	C	H	A	K	L	Z	A	X	A	I
N	Y	U	M	B	A	R	E	V	I	R	I	P	L	M	T
I	G	F	O	L	U	M	A	L	T	X	D	R	I	N	E
A	K	U	L	U	L	U	V	Y	I	N	N	G	E	D	T
U	L	A	M	U	L	I	R	O	H	X	A	O	S	A	E
K	U	S	I	N	T	H	A	Q	C	I	H	R	N	L	Z
G	S	L	U	T	H	G	N	R	O	L	T	E	O	A	O
M	D	I	T	M	Y	Y	G	L	Z	X	O	N	S	M	F
L	A	Z	E	R	E	M	O	V	U	K	Z	E	H	A	Z
I	F	B	K	U	K	A	M	B	I	R	A	N	A	A	C
F	B	H	U	T	I	O	R	M	U	X	B	I	K	J	M
F	S	C	L	K	L	G	P	Q	R	H	Q	H	R	K	C
M	W	B	K	F	U	D	B	C	S	S	Z	C	I	X	E
K	U	L	A	N	K	H	U	L	A	N	A	A	X	A	U

ULAMULIRO
AKULULU
AID
KUVOMEREZA
MALIRE
ANA
KULANKHULANA
MABUKU
NDALAMA
NYUMBA
CHINENERO
LAMULO
KUKAMBIRANA
ONSE
NJIRA
CHITETEZO
ZOCHITIKA
ZOTHANDIZA
KUSINTHA

80 - Adjectives #1

W	K	T	N	G	D	P	E	T	U	L	O	S	B	A	M
Z	O	G	N	E	T	M	A	W	S	N	N	E	Z	M	F
O	N	C	N	B	L	R	F	B	J	Z	U	R	O	B	W
D	I	Z	H	K	D	C	A	C	D	E	W	I	K	I	O
Z	W	A	W	E	A	L	O	G	N	O	K	O	O	T	Y
I	B	M	B	N	Z	N	E	P	R	B	P	U	P	I	E
W	A	O	A	S	P	A	S	A	R	A	X	S	A	O	N
A	W	D	H	M	W	W	M	M	G	Q	U	G	K	U	D
J	H	Z	W	H	I	O	A	T	I	H	C	O	Z	S	A
D	Z	I	N	P	F	T	C	I	T	A	M	O	R	A	X
Z	V	F	L	I	C	H	M	M	F	C	I	S	N	F	R
Z	O	L	E	M	E	R	A	A	K	I	N	U	F	O	Z
W	A	K	U	P	A	T	S	A	N	T	I	C	E	C	C
Z	O	T	H	A	N	D	I	Z	A	O	Y	W	F	R	J
R	V	F	N	L	Y	P	A	S	V	X	O	M	X	U	G
Q	I	D	F	L	V	Y	W	N	H	E	J	W	J	N	X

ABSOLUTE
AMBITIOUS
AROMATIC
ZOCHITA
ZOKOPA
OKONGOLA
MTIMA
EXOTIC
WAKUPATSA
WABWINO

ZOLEMERA
ZOTHANDIZA
WOONA MTIMA
ZODZIWA
ZOFUNIKA
ZAMODZI
SERIOUS
WOCHEZA
WOYENDA
WAMTENGO

81 - Rainforest

A	N	A	Y	I	S	U	K	A	K	W	A	U	X	T	K
N	I	D	M	K	Q	M	W	C	U	A	L	T	B	I	U
T	S	N	M	F	X	E	J	H	P	M	C	P	M	Z	T
H	S	A	L	R	S	L	U	I	U	T	A	Z	L	I	E
U	A	P	U	U	S	U	N	M	L	E	S	H	C	N	T
D	U	O	O	B	F	S	G	W	U	N	T	E	H	Y	E
N	V	P	E	M	W	J	L	E	M	G	E	W	I	A	Z
U	Y	M	E	Y	O	L	E	N	U	O	R	D	L	M	E
T	Y	J	W	D	Y	S	Y	Y	K	G	E	I	E	A	K
I	I	H	W	N	Y	P	S	E	A	S	W	L	N	T	A
M	N	Y	A	M	A	Z	O	Y	A	M	B	A	G	A	A
Z	I	N	S	I	N	S	I	X	Y	G	U	H	E	R	R
A	M	A	P	H	I	B	A	N	C	I	K	K	D	Q	L
Z	I	N	T	H	U	Z	I	N	T	H	U	F	W	A	R
E	Y	U	H	A	W	F	T	D	W	F	D	L	E	K	B
J	G	V	D	F	X	M	Z	Z	V	Q	M	U	W	Q	Q

AMAPHIBAN
ZINTHU ZINTHU
KHALIDWE
MITUNDU
ANTHU
KUSIYANA
ACHIMWENYE
TIZINYAMATA
JUNGLE
NYAMA ZOYAMBA
MOSS
CHILENGEDWE
KUTETEZEKA
POPANDA
ULEMU
KUBWERETSA
ZINSINSI
KUPULUMUKA
WAMTENGO

82 - Global Warming

I	N	T	E	R	N	A	T	I	O	N	A	L	E	M	B
N	J	O	R	W	M	T	L	O	W	U	Y	T	E	P	T
W	A	S	A	Y	A	N	S	I	A	E	I	B	L	H	S
J	K	Y	X	J	U	G	B	U	R	P	F	U	Y	A	O
D	V	X	H	C	Z	A	M	A	K	H	A	L	A	M	G
K	H	A	L	I	D	W	E	T	G	V	Q	U	W	V	O
D	K	C	I	T	S	Q	R	A	Z	T	J	K	L	U	L
R	Z	R	O	C	R	E	O	D	A	H	J	U	Y	Q	O
L	I	K	P	R	D	C	G	W	S	N	C	P	B	B	Y
D	K	W	R	A	M	I	Z	A	K	A	T	I	Y	P	U
K	M	K	E	W	D	E	G	N	E	L	I	H	C	A	Z
I	N	D	U	S	T	R	Y	B	S	O	B	C	U	Y	A
Z	O	S	I	N	T	H	A	O	L	U	M	A	L	A	M
T	S	O	P	A	N	O	S	M	T	E	C	X	F	G	Z
K	U	C	H	E	R	A	J	A	S	U	Z	K	E	F	Y
S	C	U	N	L	K	H	E	Q	T	B	V	M	S	V	M

ARCTIC
ZOSINTHA
KHALIDWE
VUTO
DATA
CHIPUKULU
MPHAMVU
ZACHILENGEDWE
TSOGOLO
GESI
MIZAKA
BOMA
AMAKHALA
INDUSTRY
INTERNATIONAL
MALAMULO
TSOPANO
ANTHU
WASAYANSI
KUCHERA

83 - Landscapes

L	A	B	N	P	O	C	T	L	V	Z	O	A	Z	N	A
Z	M	C	Q	P	F	L	I	Z	D	O	M	A	P	A	U
M	T	H	Y	I	G	I	U	B	S	T	L	G	V	M	U
P	S	I	R	D	A	F	N	U	U	Y	M	C	G	D	B
H	I	G	Z	F	I	F	K	S	G	L	J	S	A	K	Z
A	N	W	P	N	Y	A	N	J	W	A	T	N	S	N	E
N	J	A	E	P	H	I	R	I	C	H	I	S	W	A	O
G	E	M	N	Y	X	L	N	Y	A	N	J	A	A	R	C
A	F	A	I	B	C	I	B	I	W	O	S	P	N	D	H
Z	Q	T	N	R	E	P	E	X	C	R	A	R	R	N	I
F	E	H	S	I	J	M	A	C	Q	E	B	S	C	U	P
L	Y	A	U	T	R	S	C	J	G	S	B	C	I	T	U
D	J	W	L	H	J	N	H	K	M	Y	K	E	E	S	L
Z	S	I	A	G	L	C	I	E	R	E	Y	T	R	S	U
V	F	U	M	F	K	S	E	G	A	G	E	N	E	G	L
Y	K	A	G	O	I	B	D	Q	K	S	U	H	G	V	U

BEACH
MPHANGA
CLIFF
PAMODZI
CHIPULULU
GEYSER
GLCIER
PILI
ICEBERG
CHISWA
PHIRI
OASIS
PENINSULA
MTSINJE
NYANJA
NYANJWA
TUNDRA
CHIGWA
VOLCANO
MATHAWI

84 - Visual Arts

C	P	Y	E	H	B	M	W	C	G	A	K	P	M	E	L
C	Y	C	W	A	B	M	I	B	M	O	U	P	B	R	P
O	S	F	E	K	S	C	M	T	Y	Y	P	K	E	U	V
M	R	N	P	U	W	E	C	Y	F	T	A	U	M	T	Q
P	P	J	G	K	J	X	L	I	A	Z	N	L	P	C	I
O	V	G	M	A	R	T	I	S	T	U	D	E	J	E	Z
S	G	R	A	H	N	Q	K	N	T	L	A	N	W	T	N
I	E	J	K	C	V	O	U	E	I	S	N	G	C	I	U
T	Q	Z	A	D	U	Z	U	P	A	E	M	A	H	H	H
I	B	Z	L	F	I	L	M	K	U	O	R	T	I	C	T
O	H	I	A	S	T	E	N	C	I	L	D	T	K	R	I
N	C	H	A	L	U	S	O	Z	F	L	O	L	O	A	Z
G	P	C	H	I	T	H	U	N	Z	I	N	N	N	X	H
T	P	E	B	I	P	N	W	X	A	K	G	W	G	Z	P
K	R	E	O	J	G	H	I	B	K	P	O	A	O	M	S
K	Y	V	T	A	B	L	X	Z	L	X	Z	X	Y	G	G

ARCHITECTURE
ARTIST
CHAKUKA
MAKALA
DONGO
COMPOSITION
KULENGA
EASEL
FILM
CHALUSO
KUPANDA
PEN
PENSI
KUONA
ZITHUNZI
CHITHUNZI
OMBIMBA
CHIKONGO
STENCIL
WAX

85 - Plants

M	L	P	A	K	T	Y	D	P	G	N	Z	Q	B	Z	M
U	P	U	E	M	L	Z	I	Y	R	T	S	S	O	M	V
N	H	H	W	T	A	S	U	Q	A	H	N	D	T	X	R
D	S	A	B	A	A	T	R	L	S	A	O	K	A	I	E
A	U	Z	U	M	S	L	S	I	S	N	Q	Y	N	O	Z
R	B	A	M	B	O	Q	U	A	T	G	A	B	Y	V	I
E	R	R	G	R	Z	N	T	O	M	O	H	E	C	K	L
M	W	O	V	E	C	Q	C	S	N	B	C	R	G	U	I
O	E	L	Q	E	A	C	A	J	Y	W	A	R	F	F	T
Z	U	F	L	T	C	F	C	M	E	F	Z	Y	G	R	R
A	B	Y	C	N	H	Z	R	X	M	O	S	L	F	Z	E
B	L	O	S	S	O	M	S	S	B	A	G	A	L	U	F
M	B	I	U	B	H	U	P	C	A	T	J	D	W	U	H
W	F	H	C	C	R	P	G	M	X	G	I	U	M	C	C
M	T	E	N	G	O	G	C	J	F	Q	W	S	X	Z	E
D	Y	Y	V	J	A	R	B	X	B	L	H	V	O	W	W

BAMBO
NYEMBA
BERRY
BLOSSOM
BOTANY
BUSH
CACTUS
FERTILIZER
FLORA
LUWA
MATSAMBA
NTHANGO
MUNDA
GRASS
IVY
MOSS
PETAL
MUZU
MTENGO
ZOMERA

86 - Boxing

O	B	H	S	H	E	C	A	D	N	A	P	O	W	U	O
Y	P	H	T	W	A	U	V	M	A	H	P	M	Y	Q	W
X	W	A	V	N	S	I	I	W	A	G	N	A	N	O	O
M	R	N	V	N	R	H	N	H	L	G	A	I	A	T	Y
J	A	L	K	U	K	A	A	J	A	Z	L	H	D	N	A
N	I	U	A	C	Y	N	W	T	H	P	A	O	D	E	M
B	X	S	P	X	Q	F	G	P	K	J	L	D	V	G	B
J	P	O	K	V	Q	Z	N	B	O	O	U	N	X	U	I
W	O	T	S	I	T	S	A	P	Z	J	B	U	W	H	R
C	F	Q	T	Q	B	N	W	K	L	Q	U	F	W	T	A
C	H	I	N	A	M	U	K	P	O	D	K	M	A	N	D
N	S	P	B	K	J	M	I	T	O	N	M	P	T	I	U
J	U	U	N	E	O	E	H	A	K	Q	A	P	O	Z	Y
K	Z	H	P	L	L	Q	C	R	R	N	G	V	P	I	U
X	A	T	P	X	D	O	M	O	K	I	H	C	A	J	M
K	U	C	H	I	R	I	T	S	A	P	U	P	C	E	N

BELO
THUPI
CHINA
KONA
CHIKOMO
WATOPA
WOPANDA
CHIKWANGWANI
ZOKHALA
AMAGLOVU
KUBULALA
KUKA
WOTSITSA
MFUNDO
ONANGA
KUCHIRITSA
WOYAMBIRA
ZINTHU
LUSO
MPHAMVU

87 - Countries #2

L	J	Q	X	A	L	E	Y	A	P	H	M	Y	Q	W	F
F	E	O	K	N	Y	I	N	M	W	P	E	B	D	Y	I
K	N	B	S	H	O	L	B	D	X	X	X	P	S	P	R
R	I	K	A	Q	E	A	T	E	D	T	I	P	S	S	H
K	A	W	Y	N	D	P	Q	T	R	B	C	G	F	O	M
L	R	T	N	A	O	E	U	I	B	I	O	R	N	M	S
P	K	S	E	D	W	N	N	C	C	O	A	E	D	A	C
M	U	Y	K	U	N	F	Y	M	S	N	X	E	E	L	Z
I	Q	R	N	S	O	Z	F	H	A	Y	K	C	O	I	U
O	K	I	I	N	O	Z	R	I	D	R	U	E	W	A	C
L	Y	A	P	A	K	I	S	T	A	N	K	Z	Q	D	K
H	J	A	M	A	I	C	A	I	R	E	G	I	N	N	M
R	U	S	S	I	A	F	N	A	P	A	J	V	E	A	A
I	M	T	H	T	R	F	S	H	A	G	Z	I	O	G	Z
A	L	B	A	N	I	A	I	P	O	I	H	T	E	U	H
U	P	R	G	T	X	B	O	N	R	O	O	U	Z	R	E

ALBANIA
DENMARK
ETHIOPIA
GREECE
HAITI
JAMAICA
JAPAN
KENYA
LEBANON
LIBERIA
MEXICO
NEPAL
NIGERIA
PAKISTAN
RUSSIA
SOMALIA
SUDAN
SYRIA
UGANDA
UKRAINE

88 - Ecology

Z	Z	U	Y	W	J	D	X	O	D	K	B	M	Z	K	C
H	A	H	T	N	I	S	U	K	R	W	E	A	O	U	H
A	K	C	H	K	H	A	L	I	D	W	E	P	C	S	I
B	U	F	H	I	E	C	Z	I	W	N	K	I	H	I	L
I	M	A	N	I	S	N	I	S	N	I	Z	R	I	Y	A
T	U	U	F	M	L	P	Z	M	S	V	W	I	T	A	L
A	L	N	E	F	F	E	W	S	A	W	N	S	I	N	A
T	U	A	F	C	D	X	N	Z	I	R	C	L	K	A	G
O	P	F	L	O	R	A	H	G	Q	I	I	M	A	O	L
C	U	Z	A	M	B	I	R	I	E	K	D	N	R	A	O
S	K	G	U	Q	X	S	C	D	J	D	W	G	E	G	B
C	H	I	L	E	N	G	E	D	W	E	W	V	M	U	A
I	W	O	D	Z	I	P	E	R	E	K	A	E	O	U	L
I	C	J	M	N	H	P	L	L	F	U	E	A	Z	M	P
S	J	N	C	R	J	F	T	I	M	I	D	Z	I	K	O
G	K	T	R	X	N	U	E	Q	G	F	Z	M	K	J	B

KHALIDWE
MIDZIKO
KUSIYANA
CHILALA
FAUNA
FLORA
GLOBAL
HABITAT
MARINE
MAPIRI
ZACHILENGEDWE
CHILENGEDWE
ZAMBIRI
ZINSINSI
KUPULUMUKA
ZOCHITIKA
KUSINTHA
ZOMERA
WODZIPEREKA

89 - Adjectives #2

Y	Z	O	T	H	A	N	D	I	Z	A	G	G	K	Z	Z
F	A	S	T	A	L	A	G	N	A	S	O	Z	U	A	A
O	G	U	T	A	G	N	E	L	O	Z	C	W	F	K	C
C	N	G	M	K	N	J	A	L	A	Z	H	O	O	H	H
K	E	C	M	I	O	A	O	H	Z	O	A	N	T	A	I
U	T	Y	C	T	T	I	N	T	W	Y	T	Y	O	L	L
N	U	L	R	I	W	S	U	G	W	E	S	A	K	I	E
W	K	B	J	H	O	Q	A	J	G	N	O	D	O	D	N
S	O	P	W	C	G	J	W	X	T	E	P	I	Z	W	G
S	K	D	Y	O	L	F	S	L	J	R	A	R	A	E	E
V	D	P	Z	Z	T	R	M	I	S	A	N	A	I	V	D
U	S	Z	L	I	D	H	E	Q	N	C	O	K	S	Y	W
Z	H	U	M	Z	W	C	E	R	E	H	C	M	A	Z	E
J	Y	G	G	O	C	I	L	N	Z	A	B	W	I	N	O
W	O	T	H	O	N	A	K	G	G	A	N	R	V	V	Q
U	T	A	W	D	I	S	T	A	P	A	W	M	C	X	S

ZOYENERA
ZOLENGA
KUFOTOKOZA
ZOCHITIKA
YAUMITSA
ZAKHALIDWE
WODZIWIKA
WAPATSIDWA
KUTENGA
NJALA
ZOSANGALATSA
ZACHILENGEDWE
CHATSOPANO
ZABWINO
WONYADIRA
WOTHENGA
ZAMCHERE
WOTHONA
ZOTHANDIZA

90 - Psychology

M	W	Y	J	V	X	C	K	A	L	A	H	K	U	K	O
B	A	C	W	N	M	L	U	L	E	N	P	M	O	H	D
E	Z	L	V	S	S	I	Y	A	E	O	T	U	V	N	A
S	D	Q	O	I	A	N	E	W	W	O	B	Y	I	J	W
N	U	G	G	T	H	I	S	H	D	Z	X	K	H	Y	I
O	H	B	E	K	O	C	A	K	I	T	I	H	C	O	Z
Z	K	A	C	Q	D	A	K	N	L	L	D	J	Z	Z	D
N	O	F	R	O	U	L	H	A	A	W	K	S	E	I	U
M	Z	L	K	W	N	W	L	M	H	W	I	C	F	G	K
E	N	R	M	Z	K	S	X	O	K	Y	U	H	Q	N	A
F	Y	K	Q	X	B	J	C	N	A	O	K	R	W	A	R
M	A	G	A	N	I	Z	O	I	M	Q	E	S	L	L	V
K	U	S	A	N	G	A	N	A	O	K	U	A	G	A	A
M	U	N	T	H	U	W	S	X	Y	U	I	L	C	M	Y
K	U	M	B	U	K	U	M	B	U	I	S	S	I	R	F
Q	L	P	N	A	G	Y	H	Y	Y	X	O	X	M	M	T

KUKHALA
KUYESA
MAKHALIDWE
UWANA
CLINICAL
KUDZIWA
KUSANGANA
MALOTO
EGO
ZOCHITIKA
MALANGIZO
ZOKHUDZA
KUMBUKUMBU
MUNTHU
VUTO
ZOONA
ZONSE
SUBCONSCIOUS
MANKHWALA
MAGANIZO

91 - Math

P	O	S	P	F	H	J	B	Q	S	N	A	W	H	I	L
A	E	Y	T	P	I	D	A	G	E	O	M	E	T	R	Y
R	M	R	S	N	I	U	D	D	R	G	R	P	R	A	L
I	U	T	I	K	O	S	G	Y	S	Y	A	E	A	B	T
T	L	E	N	M	L	Z	Q	E	C	L	D	F	H	M	O
H	O	M	A	A	E	M	G	U	R	O	I	N	H	A	A
M	V	M	G	R	G	T	P	F	A	P	U	X	E	N	Z
E	N	Y	N	G	N	M	E	J	E	R	S	O	R	O	I
T	G	S	A	O	A	O	M	R	E	T	E	M	A	I	D
I	B	R	K	L	D	L	D	D	B	C	D	E	Q	T	N
C	P	P	V	L	B	B	A	Y	E	G	T	B	M	A	A
Q	W	G	X	A	W	A	G	I	H	C	R	R	U	U	H
Q	I	P	A	R	B	P	R	L	K	L	I	O	C	Q	T
T	B	U	T	A	T	A	G	N	I	T	K	M	F	E	O
I	L	L	Q	P	E	X	P	O	N	E	N	T	A	U	Z
K	U	Z	U	N	G	U	L	I	R	A	T	A	D	L	U

ANGELO
ARITHMETIC
KUZUNGULIRA
DECIMAL
DIAMETER
EQUATION
EXPONENT
CHIGAWA
GEOMETRY
NAMBARI
ZOTHANDIZA
PARALLOGRAM
PERIMETER
POLYGON
RADIUS
KANGANI
SQUARE
SYMMETRY
TINGATATU
VOLUME

92 - Water

C	C	A	P	A	B	Z	C	H	S	B	L	P	U	Z	Q
N	H	K	W	R	G	G	H	R	Q	H	C	B	R	J	V
G	K	I	T	B	Y	Z	I	J	P	A	A	B	T	P	S
X	U	V	N	O	G	J	S	Q	Q	T	R	M	N	O	V
F	T	B	M	Y	V	A	A	K	U	F	U	K	B	R	Z
Y	H	N	T	N	E	D	N	U	F	A	M	G	T	A	J
Q	I	G	S	Y	C	W	U	D	V	N	D	F	C	F	Q
Z	R	E	I	M	I	X	E	C	H	I	N	Y	E	V	U
O	I	Y	N	T	V	E	I	H	B	R	P	H	R	H	Y
M	R	S	J	U	L	U	K	M	A	W	U	L	U	K	M
W	A	E	E	Q	W	A	L	U	M	U	G	I	H	C	K
E	R	R	S	T	E	A	M	A	B	M	A	S	A	M	G
T	B	B	R	S	T	C	M	N	Y	A	N	J	A	C	G
S	C	N	M	O	J	M	O	N	S	O	N	A	G	N	P
A	E	Q	D	R	X	R	B	G	N	F	B	G	U	L	P
Y	I	F	C	F	N	G	J	R	D	M	P	G	Y	M	B

NGANO
ZOMWETSA
KUFUKA
CHIGUMULA
FROST
GEYSER
CHINYEVU
MKULU WAMKULU
ICE
KUTHIRIRA
NYANJA
CHINYEWE
MONSO
MVULA
MTSINJE
SHAMBA
CHISANU
STEAM
MASAMBA
MAFUNDE

93 - Business

Q	A	E	V	B	E	S	I	D	N	A	H	C	R	E	M
T	W	J	L	A	D	I	U	W	D	O	Q	B	R	M	B
D	X	W	W	Y	X	Y	B	R	O	C	W	J	P	T	C
K	D	R	W	F	U	D	D	P	N	X	N	U	H	E	O
A	T	L	R	N	P	J	E	L	D	A	O	N	I	N	M
W	A	N	T	C	H	I	T	O	O	J	I	R	N	G	P
B	A	J	E	T	I	K	N	M	M	W	T	W	D	O	A
I	M	P	O	R	T	L	U	E	E	L	A	S	U	F	N
N	M	S	O	N	K	H	O	N	K	Z	S	S	L	A	Y
O	T	N	U	G	H	Y	C	E	O	A	N	O	U	C	O
N	F	C	D	M	E	C	S	J	Q	C	A	B	G	T	T
E	L	I	H	A	P	W	I	A	Y	H	R	M	M	O	B
H	E	S	S	I	L	W	D	S	W	U	T	Q	D	R	Z
P	Q	N	T	I	T	A	J	O	H	M	J	P	D	Y	T
J	N	Z	T	P	D	O	M	Z	Q	A	R	L	H	H	Q
T	R	A	Z	I	V	T	C	A	V	M	L	C	D	Z	S

BOSS
BAJETI
COMPANY
MTENGO
DISCOUNT
ZACHUMA
WANTCHITO
NTCHITO
FACTORY
IMPORT
NDONDOMEKO
MENEJA
MERCHANDISE
NDALAMA
OFISI
PHINDU
SALE
GULU
MSONKHO
TRANSATION

94 - The Company

M	Q	S	P	S	O	T	V	D	B	Z	U	U	C	V	K
V	A	I	N	D	U	S	T	R	Y	A	K	G	H	K	X
M	G	L	W	H	S	I	D	A	Z	M	H	A	I	B	K
B	N	A	A	A	N	M	C	X	Y	B	A	W	K	A	U
I	E	B	M	N	K	D	Q	J	D	I	L	O	H	S	P
R	L	O	A	K	G	H	O	C	X	R	I	J	A	T	E
I	O	L	L	R	N	I	A	N	U	I	D	H	L	I	M
C	Z	G	A	U	W	S	Z	L	D	Y	W	F	I	Z	B
H	K	D	D	W	H	E	S	O	I	O	E	H	D	N	E
Z	P	V	N	B	W	N	K	V	N	D	M	I	W	U	D
L	V	A	A	W	Q	I	C	E	T	D	W	E	E	H	Z
B	C	Z	K	Z	E	Z	V	C	C	E	I	E	K	P	E
A	Z	M	A	A	K	I	T	I	H	C	O	Z	L	O	R
E	Y	D	V	R	R	B	A	T	I	H	C	O	Z	Z	A
N	M	A	L	I	P	I	R	O	T	C	U	D	O	R	P
I	L	M	R	R	N	B	I	F	O	O	F	Z	A	O	S

BIZINESI
ZOLENGA
GAWO
NTCHITO
GLOBAL
INDUSTRY
ZOPHUNZITSA
NDONDOMEKO
ZOCHITIKA
CHIKHALIDWE
PRODUCT
WAKHALIDWE
KUPEMBEDZERA
UKHALIDWE
MBIRI
ZAMBIRI
NDALAMA
ZOCHITA
MALANGIZO
MALIPIRO

95 - Literature

K	Z	B	T	V	E	Q	C	Z	D	D	G	P	X	Z	E
M	U	A	H	Y	R	H	Y	T	H	M	Q	R	Q	K	Y
A	T	S	M	C	C	P	Q	M	K	R	O	H	T	U	A
N	U	M	A	O	I	U	G	T	I	O	P	S	M	W	Z
A	M	F	K	N	Y	V	H	E	R	H	Y	M	E	O	I
N	E	G	O	Y	G	O	C	N	C	P	G	A	D	T	R
A	D	Y	S	U	N	A	U	G	L	A	O	N	E	S	I
F	X	A	T	J	D	X	L	O	K	T	L	E	S	I	S
U	K	S	K	V	C	R	D	A	Q	E	A	C	C	R	T
K	G	L	S	A	I	Q	U	H	L	M	N	D	R	I	O
R	O	S	U	L	T	U	L	I	A	A	A	O	I	Z	U
N	O	V	E	L	I	U	D	N	S	E	E	T	P	A	W
Z	O	P	E	Z	A	W	L	E	A	Y	X	E	T	Y	A
M	A	G	A	N	I	Z	O	O	E	Z	G	P	I	C	M
K	U	K	A	M	B	I	R	A	N	A	E	E	O	Z	H
U	X	Y	Q	I	O	V	B	M	O	M	L	H	N	N	F

ANALOGY
KUSANGALALA
ANECDOTE
AUTHOR
ZAMOYO
KUFANANA
MAWU OTSIRIZA
DESCRIPTION
KUKAMBIRANA
ZOPEZA
METAPHOR
WOTSIRIZA
NOVELI
MAGANIZO
NDAKATULO
RHYME
RHYTHM
MTENGO
MUTU
TSOKA

96 - Geography

E X I I T N E T N O K E X D U T

Q Z G R Y R J G E Q I H K Z H X

U X I I F X N Y A N J A T I G X

A Q D H G J I T W M O G X K O C

T J A P H R S I S P I E B O L G

O A L Q G G T C I D Y T P L Q P

R E F F A U M G H H R Z M A J L

Q U R A F G D F C B O F A P X I

L H L R O K I Z D H T X C A E C

A W I Z D U K I Q T I J K N O I

S M A Q X K M N E R R G R S I P

E H Z O Y W K A H O R S A I U L

T C F N T E X S P N E V Y W V U

X G V I S K H S A L T A F K O V

P T J J O A L O N G I T U D E G

C H A K U T S O P A N O C M N Y

ATLAS
CITY
KONTENTI
DZIKO
KUKWEKA
EQUATOR
GLOBE
DZIKO LAPANSI
CHISWA
MTIMA
LONGITUDE
MAP
PHIRI
NORTH
CHIGAWO
MTSINJE
NYANJA
KUDZIWA
TERRITORY
CHAKUTSOPANO

97 - Jazz

C	C	Y	E	W	T	O	V	B	O	G	E	M	G	H	W
Y	O	O	N	A	P	O	S	T	A	H	C	U	I	L	O
E	G	M	N	N	Y	I	M	B	O	H	N	U	K	A	D
I	N	H	P	C	O	R	C	H	E	S	T	R	A	M	Z
F	E	T	Z	O	E	F	Z	I	Y	D	A	G	V	A	I
O	T	Y	O	U	S	R	E	R	W	B	Q	J	A	W	W
R	M	H	K	D	K	I	T	N	E	L	A	T	A	A	I
O	U	R	O	N	E	N	T	F	Z	A	Z	S	C	M	K
X	B	W	N	U	G	X	E	I	L	H	N	I	O	B	A
X	L	K	D	T	S	O	A	G	O	T	O	T	M	A	M
O	A	E	A	M	V	T	M	M	S	N	K	R	P	W	G
P	L	K	J	P	D	I	R	A	F	I	U	A	O	A	G
T	O	H	B	U	H	H	H	J	C	S	K	K	S	K	M
X	I	H	Q	B	W	C	W	X	Y	U	X	Q	E	A	P
B	L	U	T	L	Q	T	F	T	J	K	G	C	R	L	C
E	H	M	G	X	N	N	W	A	I	N	F	U	U	E	M

ALBUM
AMAWAMBA
ARTIST
COMPOSER
COMPOSITION
CONCERT
NG'OMA
KUSINTHA
WODZIWIKA
ZOKONDA

MTUNDU
KUKONZA
CHATSOPANO
AKALE
ORCHESTRA
RHYTHM
NYIMBO
MTENGO
TALENT
NTCHITO

98 - Nature

N	A	M	L	H	O	M	M	Z	O	F	U	N	I	K	A
C	Y	S	D	V	A	T	A	A	N	T	H	A	N	G	O
D	H	U	G	N	A	S	S	M	T	U	O	M	O	X	Q
R	E	I	C	L	G	I	L	A	Y	S	T	W	O	P	M
C	N	K	P	H	G	N	N	Y	P	K	A	V	Z	V	N
H	E	I	J	U	I	J	O	N	B	N	O	M	S	T	F
O	R	E	C	X	L	E	I	N	U	B	V	R	B	U	A
Y	E	S	R	P	S	U	Z	P	K	N	L	E	J	A	K
E	S	Q	E	O	D	T	L	J	N	M	A	P	I	R	I
R	X	E	Z	P	S	D	W	U	K	Q	C	U	P	V	T
A	L	R	H	A	A	R	C	T	I	C	I	F	R	D	I
A	L	O	G	N	O	K	U	K	K	P	P	U	C	R	H
C	G	W	U	D	N	U	T	I	M	J	O	N	K	O	C
Z	V	U	A	A	E	P	F	Q	F	B	R	G	H	B	O
K	U	K	O	N	O	K	A	O	G	J	T	U	I	S	Z
W	A	M	T	E	N	D	E	R	E	P	B	O	F	H	Q

NYAMA
ARCTIC
KUKONGOLA
NYUCHI
MITUNDU
CHIPULULU
KUKONOKA
UFUNGU
MATSAMBA
NTHANGO
GLCIER
MAPIRI
WAMTENDERE
MTSINJE
CHOYERA
SERENE
POPANDA
TROPICAL
ZOFUNIKA
ZOCHITIKA

99 - Vacation #2

T	J	E	P	M	H	M	V	P	Z	C	T	X	U	R	I
E	K	I	O	A	H	L	B	L	O	L	E	T	O	H	M
N	U	V	Q	Y	P	H	P	F	C	T	T	W	A	M	A
T	A	B	H	E	C	U	M	C	H	C	A	E	B	T	P
A	H	C	P	N	C	P	E	F	I	B	M	A	K	N	L
Y	U	P	O	D	N	E	L	U	T	K	N	J	C	A	N
P	N	G	M	E	E	Z	Z	W	A	O	P	N	S	R	X
H	P	U	L	D	N	D	E	G	E	M	T	A	A	U	P
U	A	A	T	W	C	S	G	M	V	A	A	Y	V	A	G
N	J	S	S	E	A	K	A	A	O	N	O	N	W	T	R
Z	N	M	H	S	O	J	W	P	G	S	W	U	M	S	E
I	I	X	A	T	P	B	U	I	F	O	U	C	A	E	W
T	H	X	S	V	R	O	A	R	R	S	O	D	Q	R	Y
S	C	H	I	S	W	A	R	I	T	L	P	U	L	F	B
I	A	T	V	S	H	N	O	T	I	H	C	T	N	A	W
H	W	B	R	Q	E	H	F	Z	J	J	H	C	V	I	E

NDEGE
BEACH
NKAMBI
KOMANSO
WACHINJA
WA NTCHITO
HOTELO
CHISWA
ULENDO
ZOCHITA
MAP
MAPIRI
PASSPORT
RESTAURANT
NYANJA
TAXI
TENTA
PHUNZITSI
MAYENDEDWE
VISA

100 - Electricity

```
K Q T W X L T Y K V S M C I E W
R U M W J A Y A W A W X U R J M
O E S B G M G J N V U G V U B L
W S P I N P M W F W D D P G V B
T F S C N U Z N K W G T C E F Z
E Z Q V Y T I T N A U Q R V O L
N J Y F L U H X W N W D L Z T A
T E N G A M U A E C E T V N O S
E O P V S I J P F W P B U L U E
K U C A T U V A S O Z N I S E R
C H I K W A N G W A N I Z W B Z
O T C L O Q W O U O A I K V X S
S N B F K Z X F O O N I W C K S
C I R T C E L E W H P L X B V B
O Z I G N A P I Z F L C B E A Z
G E N E R A T O R B A T I R I Z
```

BATIRI
BULU
CHIKWANGWANI
ELECTRIC
ZIPANGIZO
GENERATOR
LAMP
LASER
MAGNET
ZOSAVUTA

NETWORK
ZINTHU
ZABWINO
QUANTITY
SOCKET
KUSINTHA
FOONI
WATV
WAWAYA

1 - Antiques

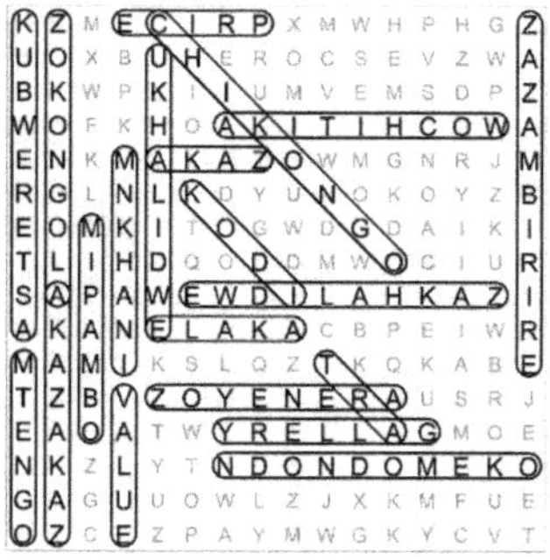

2 - Food #1

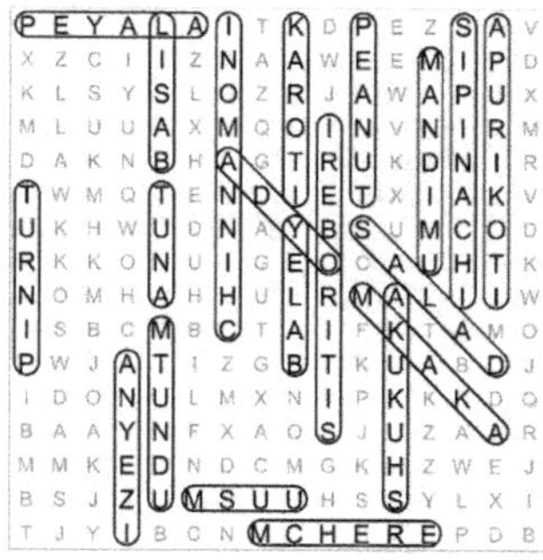

3 - Measurements

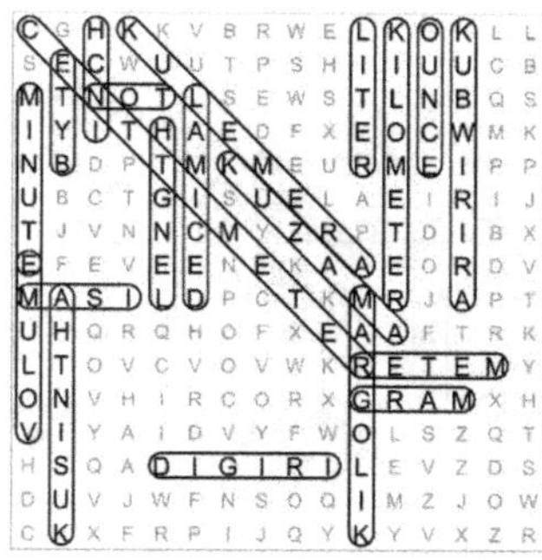

4 - Farm #2

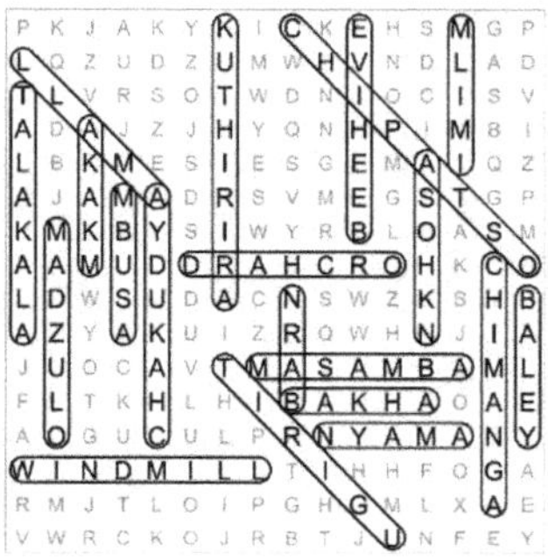

5 - Books

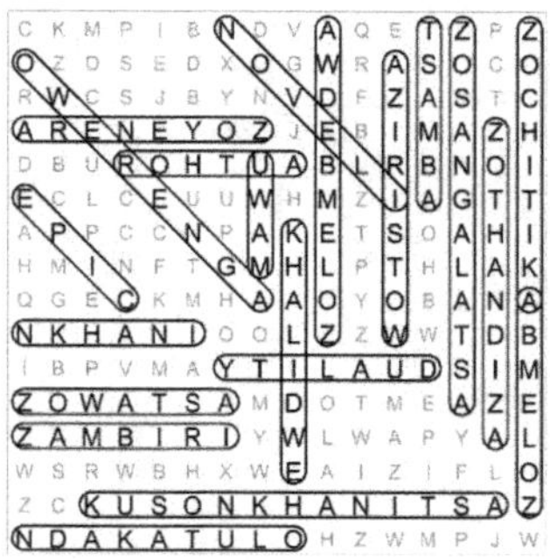

6 - Meditation

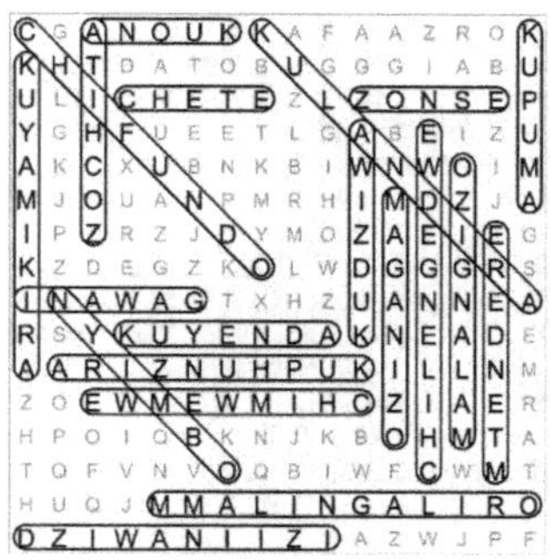

7 - Days and Months

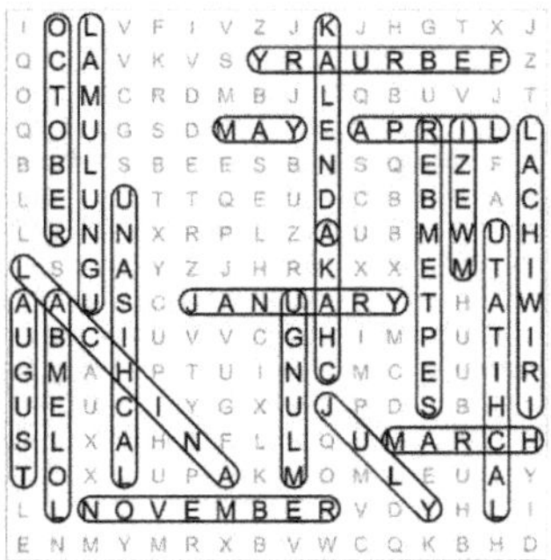

8 - Energy

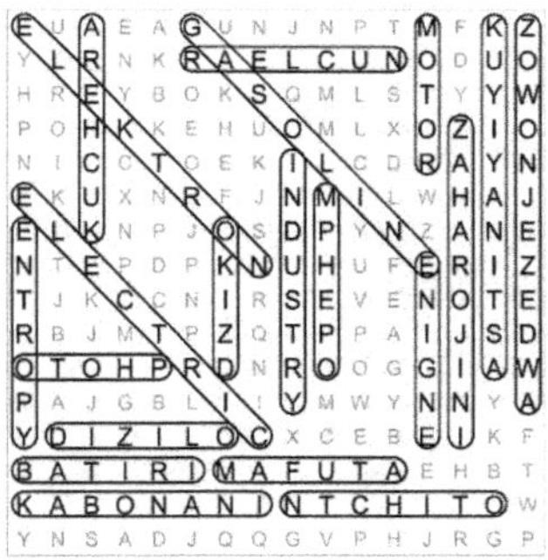

9 - Archeology

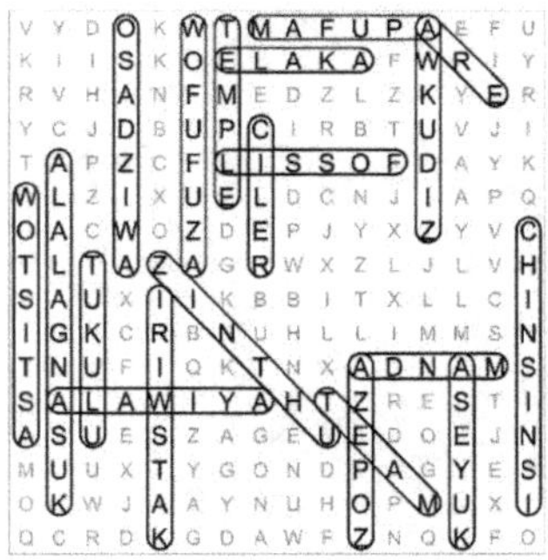

10 - Food #2

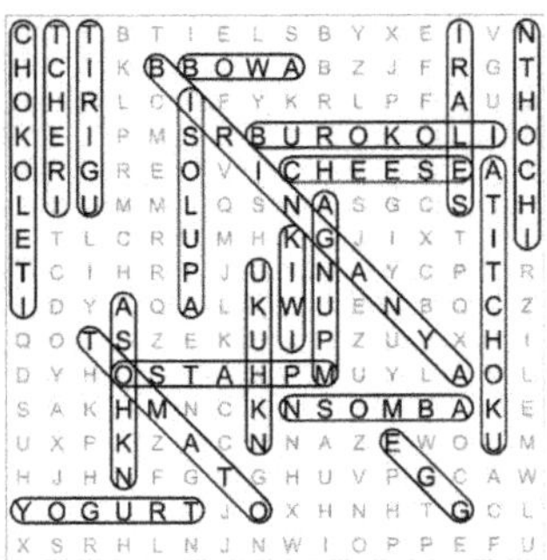

11 - Chemistry

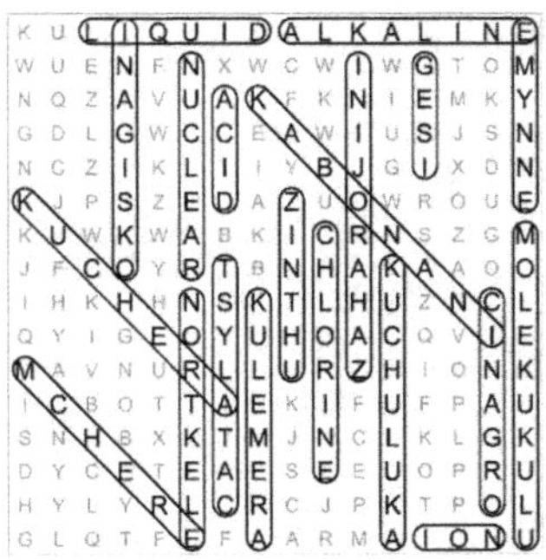

12 - Music

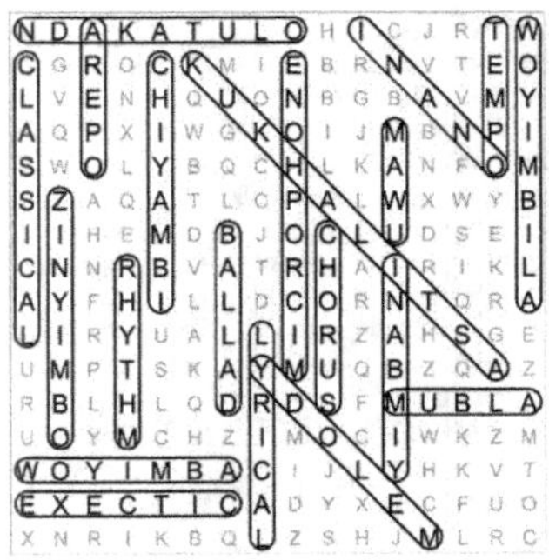

13 - Family

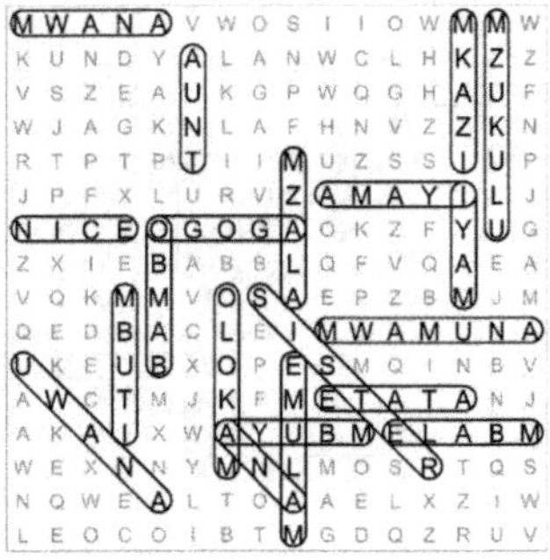

14 - Farm #1

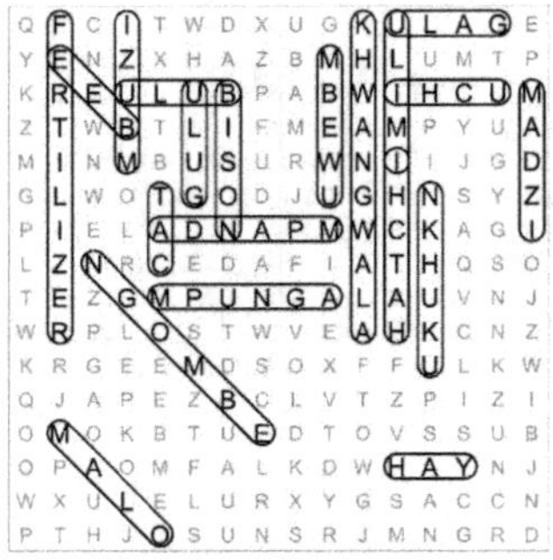

15 - Camping

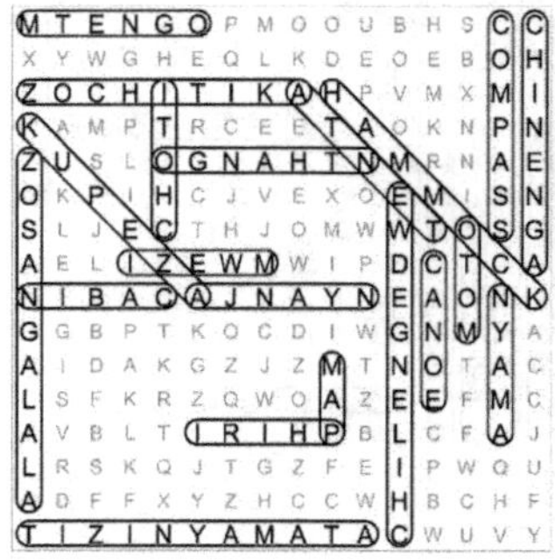

16 - Algebra

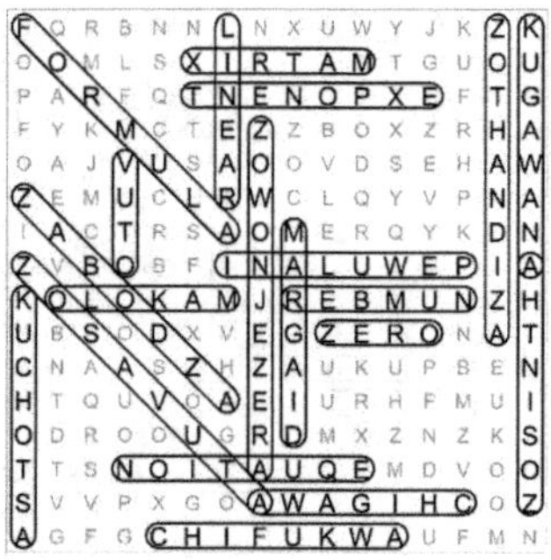

17 - Spices

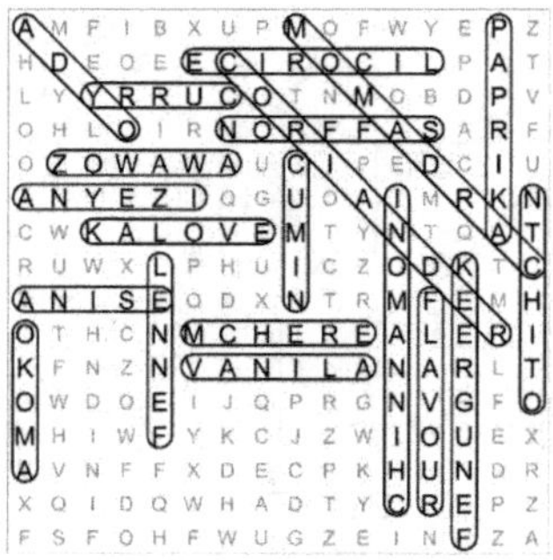

18 - Universe

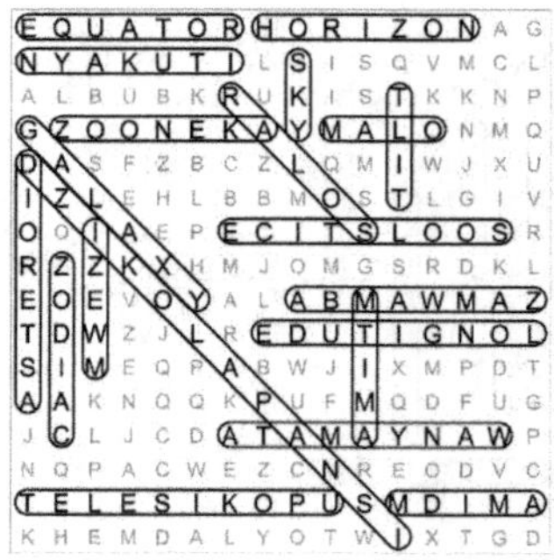

19 - Mammals

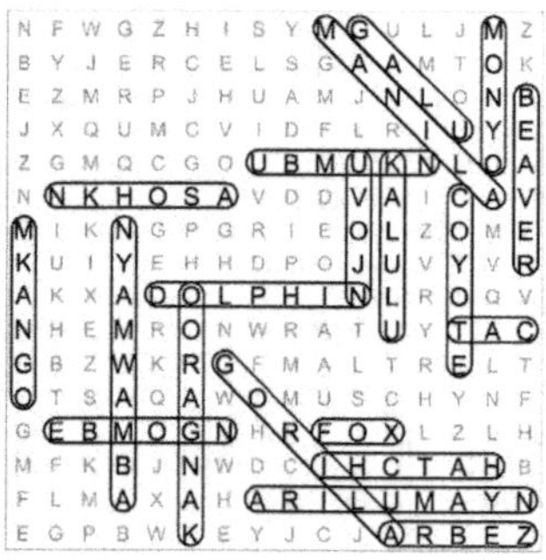

20 - Restaurant #1

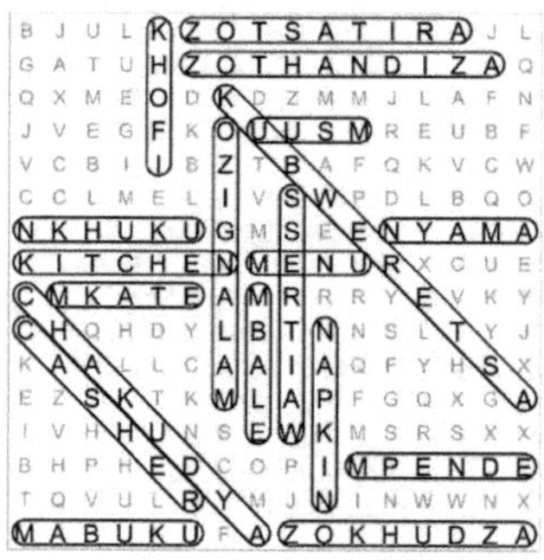

21 - Bees

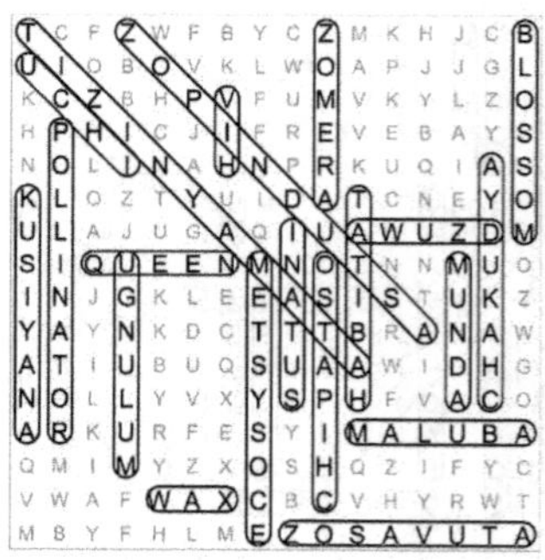

22 - Photography

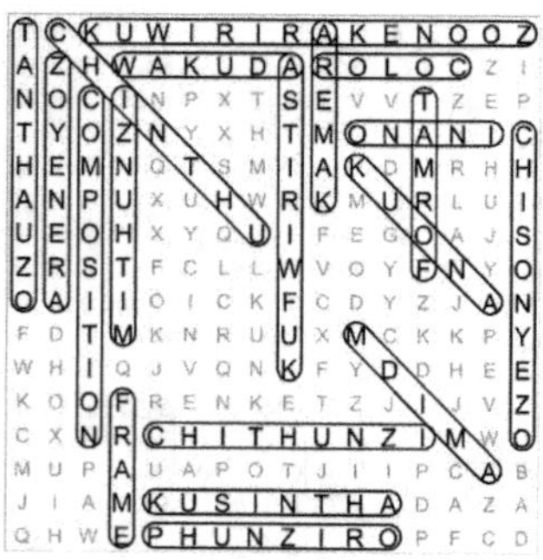

23 - Weather

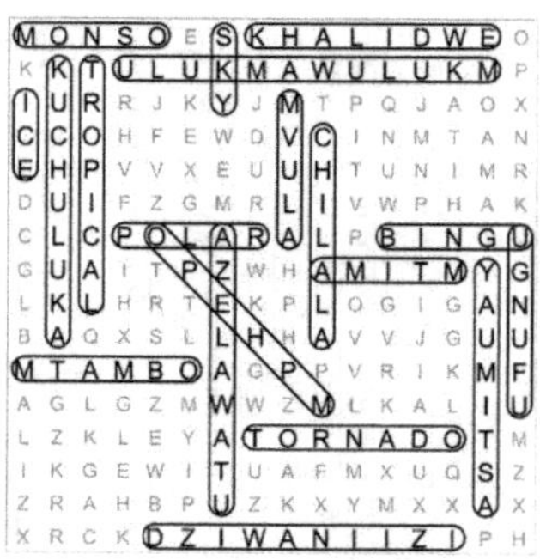

24 - Adventure

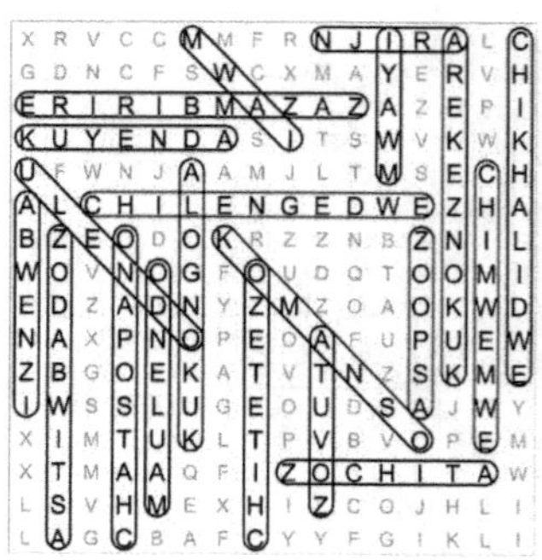

25 - Sport

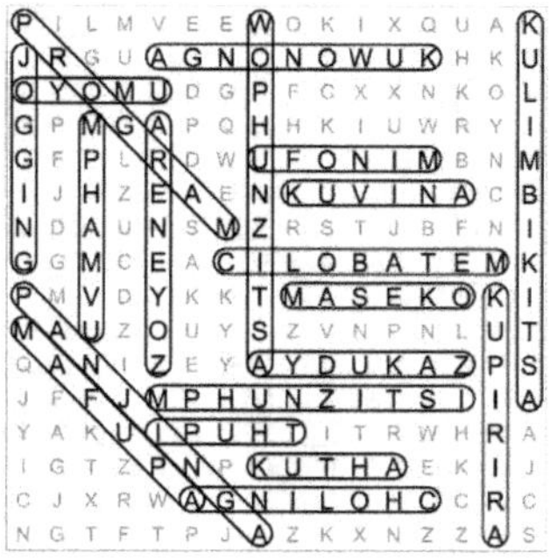

26 - Geology

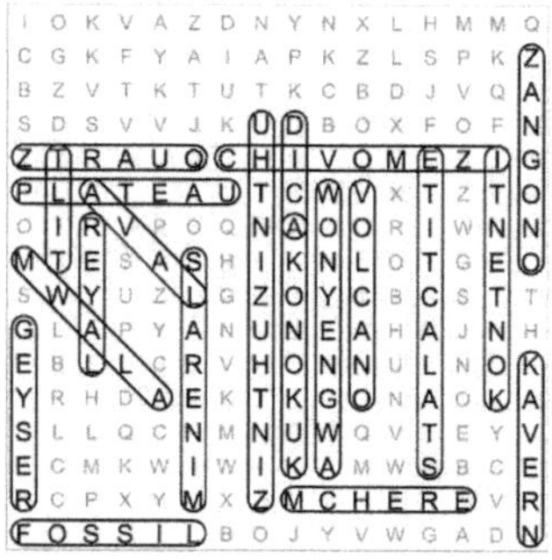

27 - House

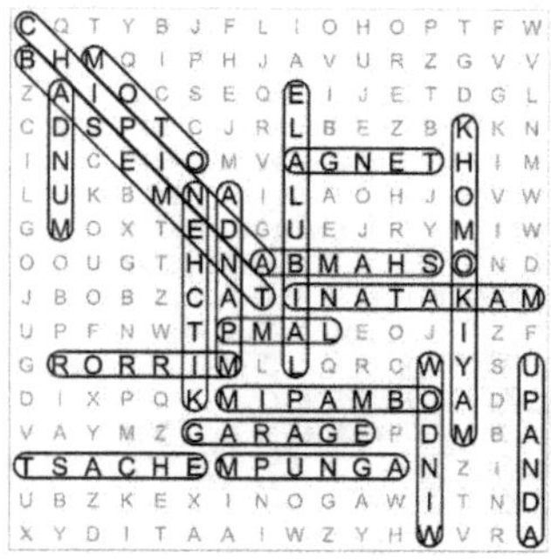

28 - Physics

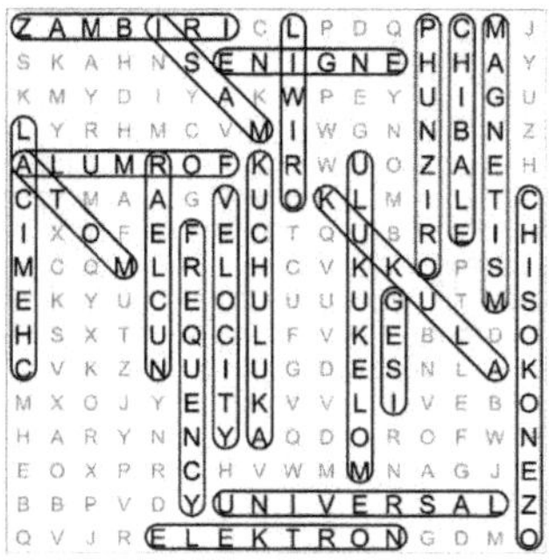

29 - Coffee

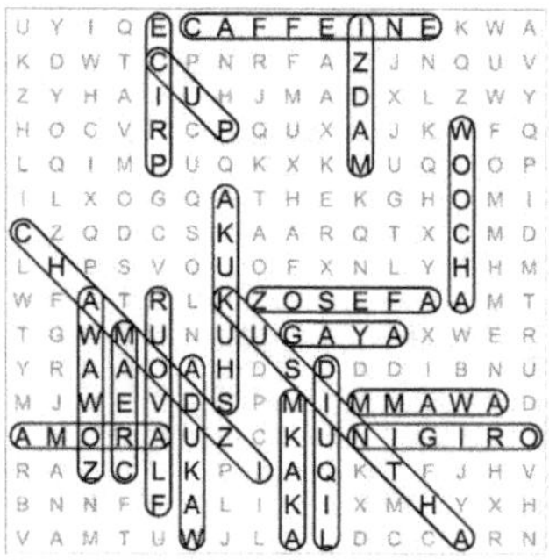

30 - Shapes

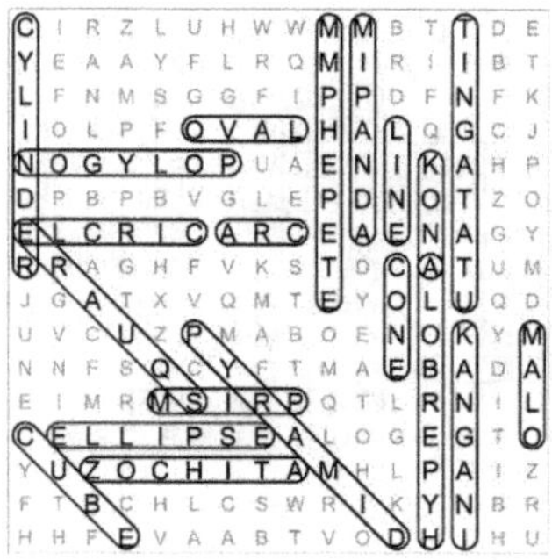

31 - Scientific Disciplines

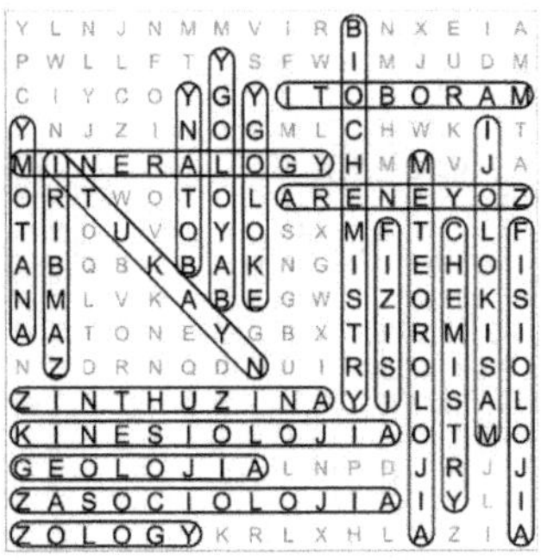

32 - Science

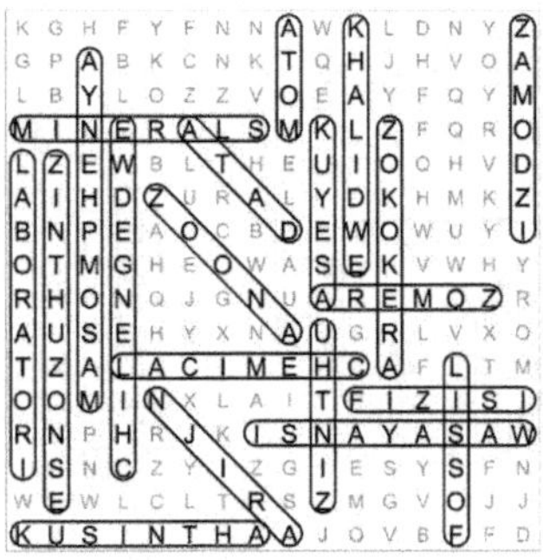

33 - Beauty

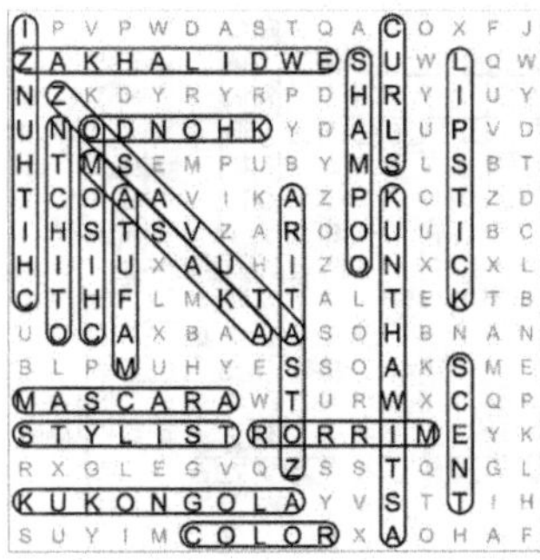

34 - Clothes

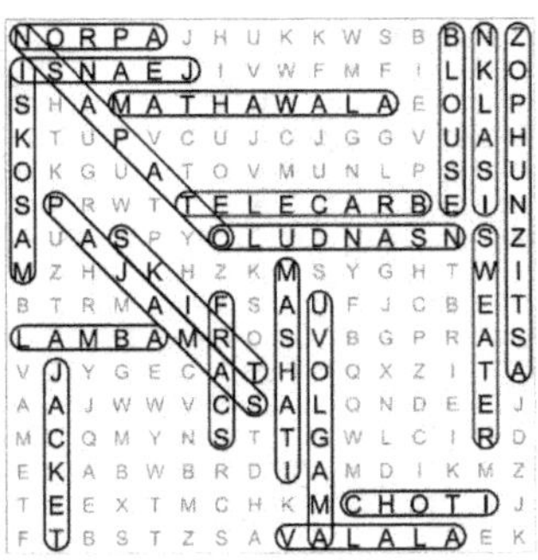

35 - Astronomy

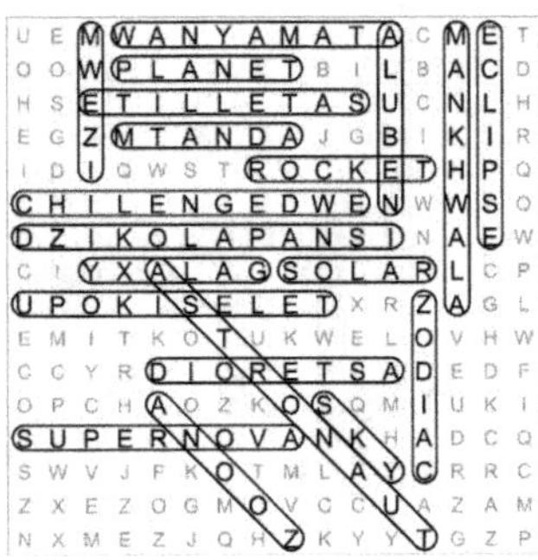

36 - Health and Wellness #2

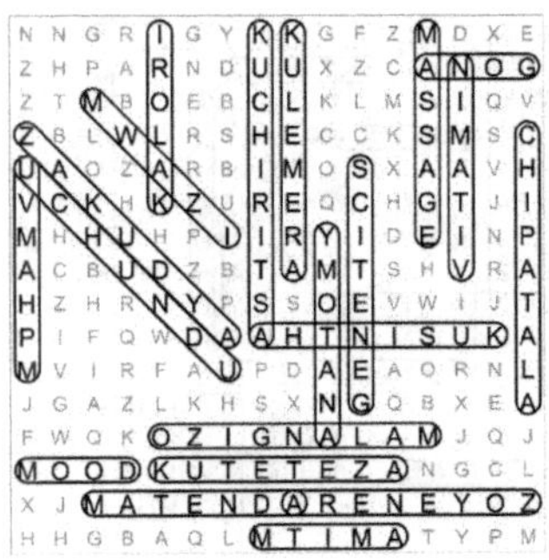

37 - Disease

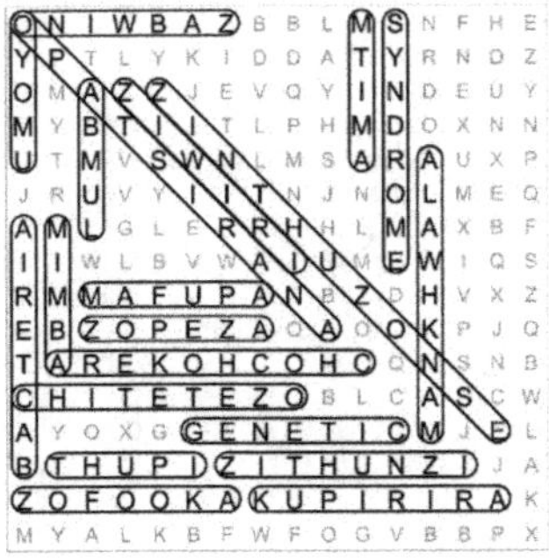

38 - Time

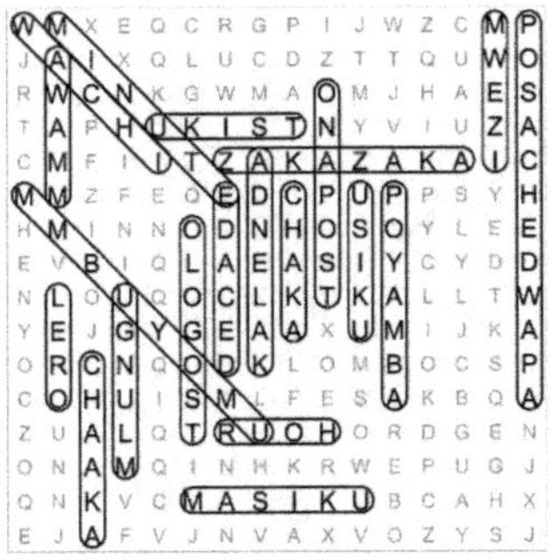

39 - Buildings

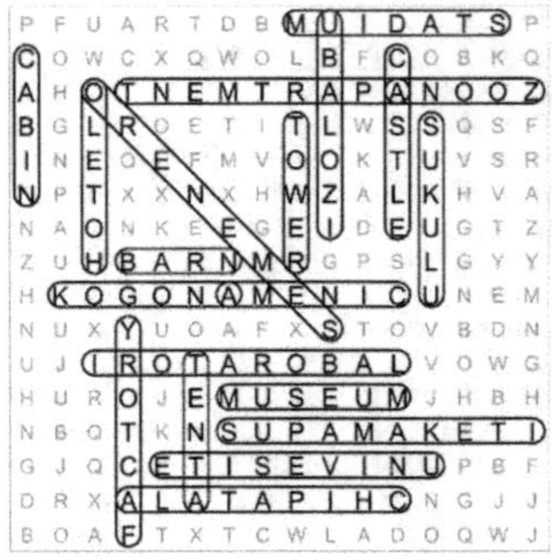

40 - Gardening

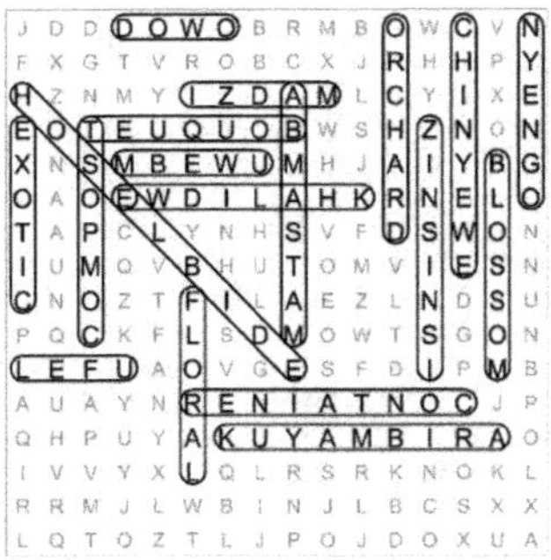

41 - Herbalism

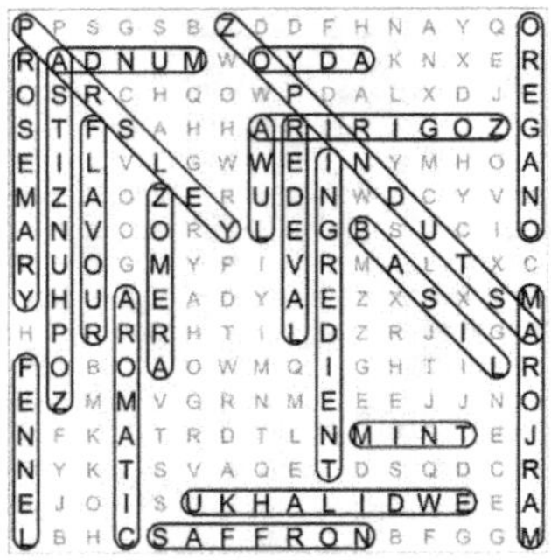

42 - Vehicles

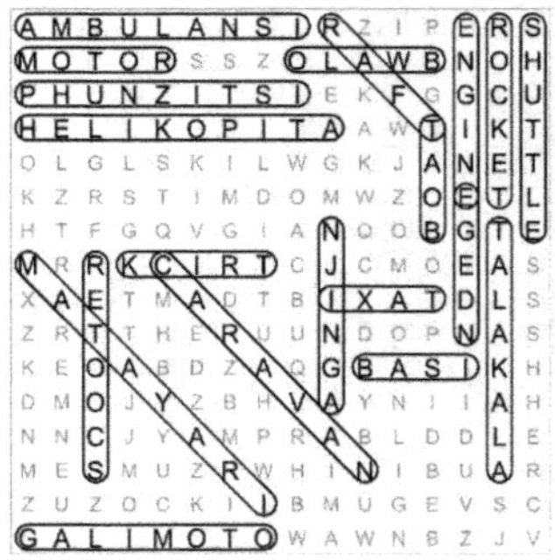

43 - Flowers

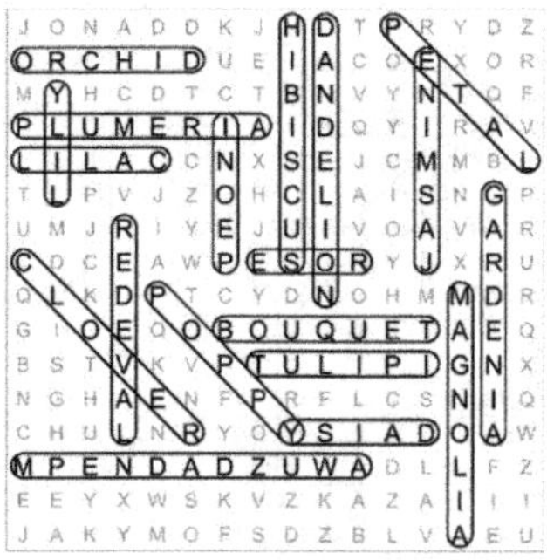

44 - Health and Wellness #1

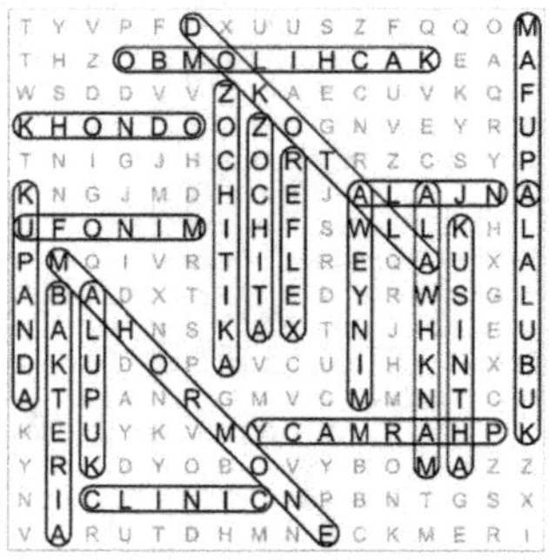

45 - Town

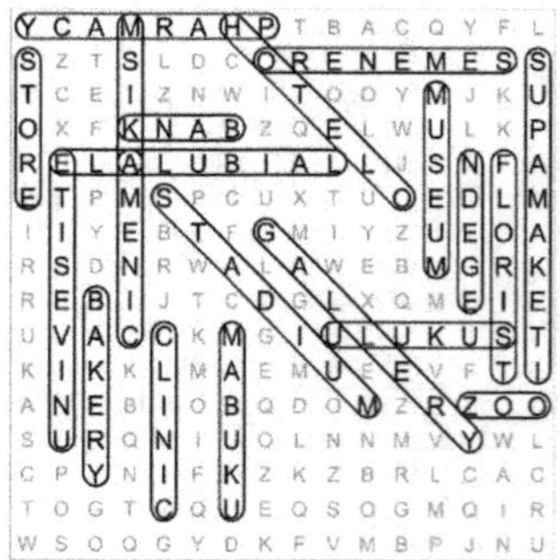

46 - Antarctica

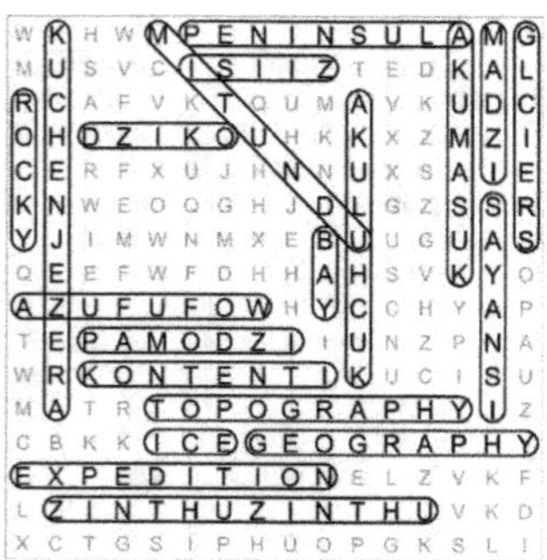

47 - Ballet

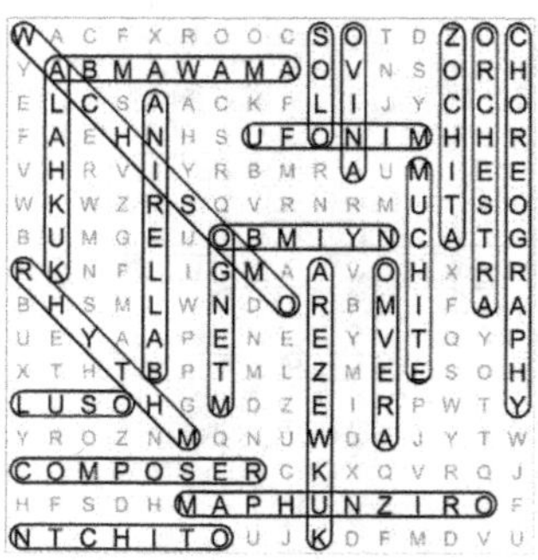

48 - Fashion

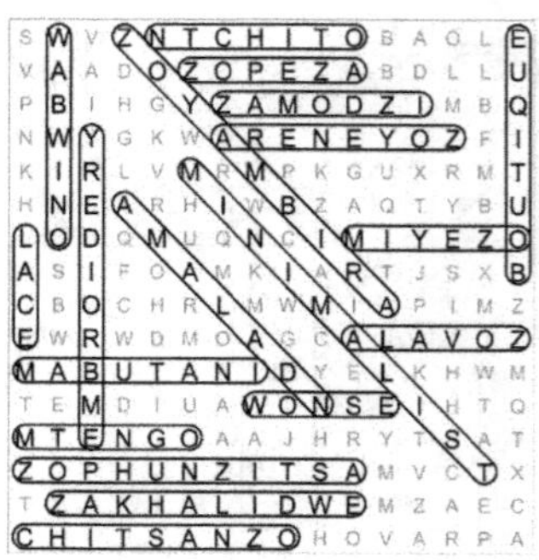

49 - Human Body

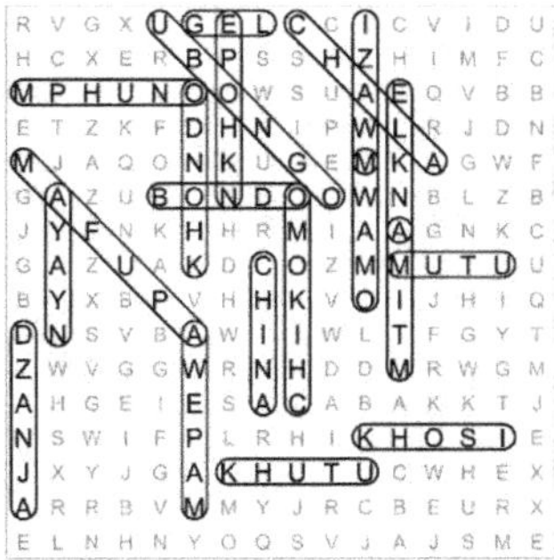

50 - Musical Instruments

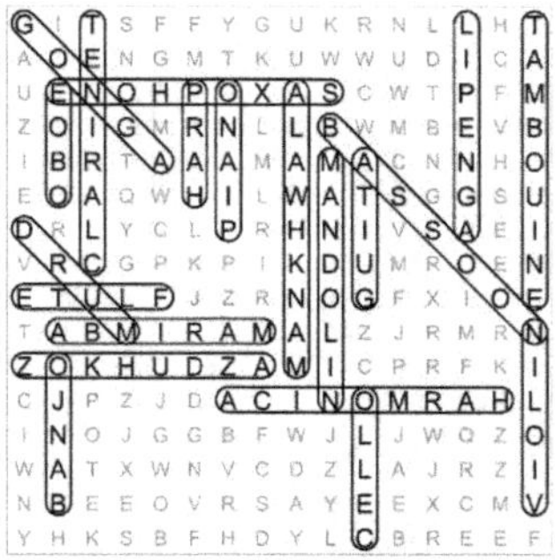

51 - Fruit

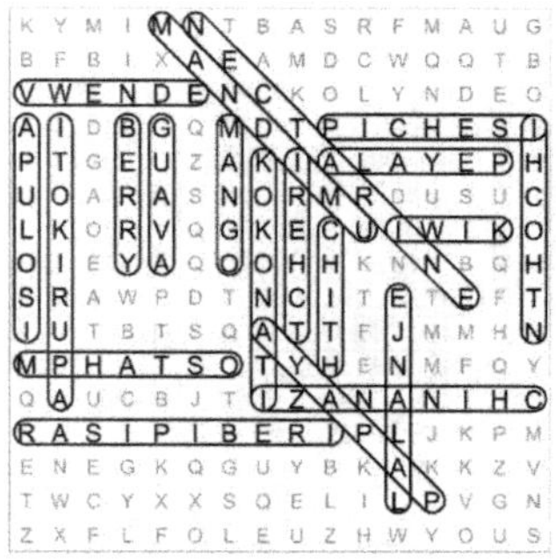

52 - Engineering

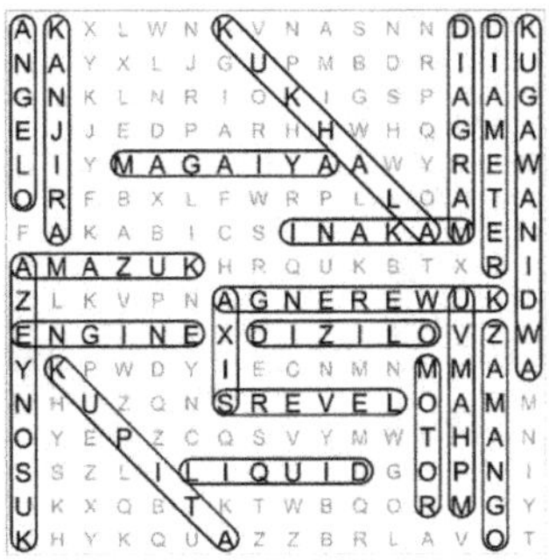

53 - Kitchen

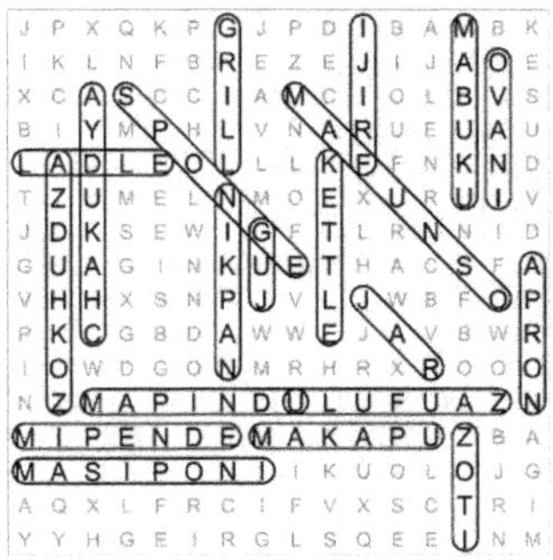

54 - Government

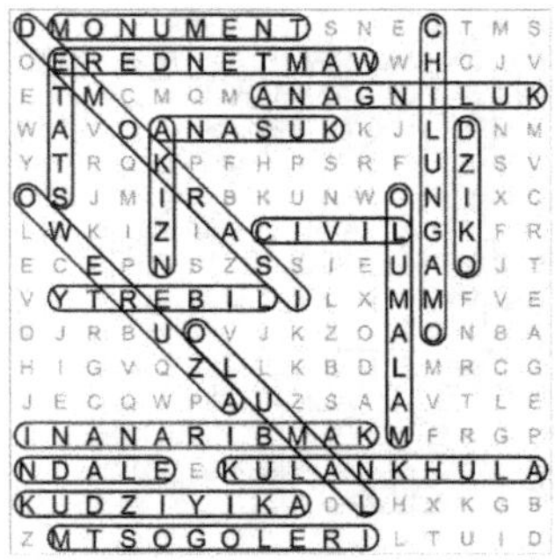

55 - Art Supplies

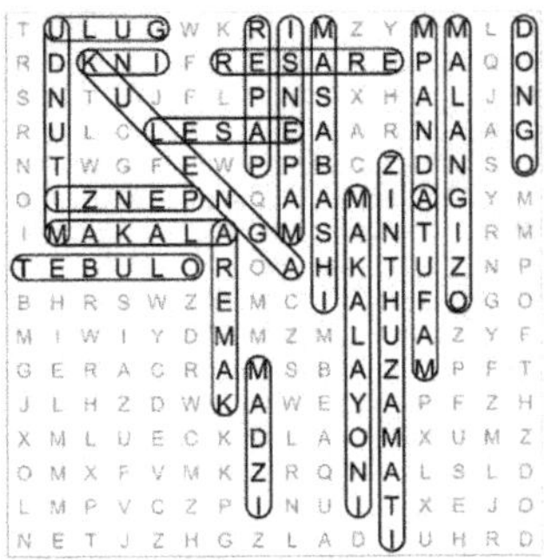

56 - Science Fiction

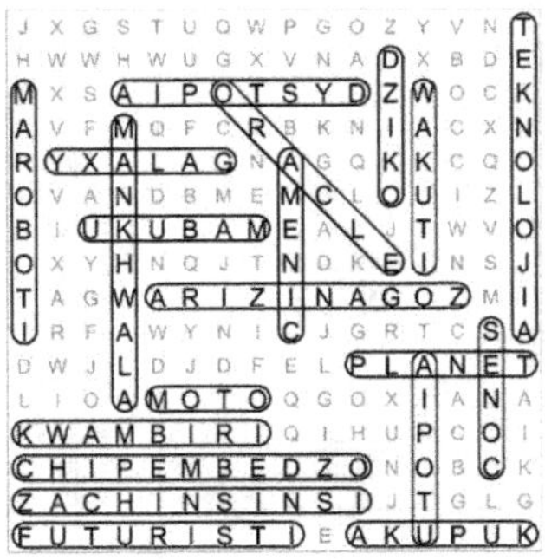

57 - Geometry

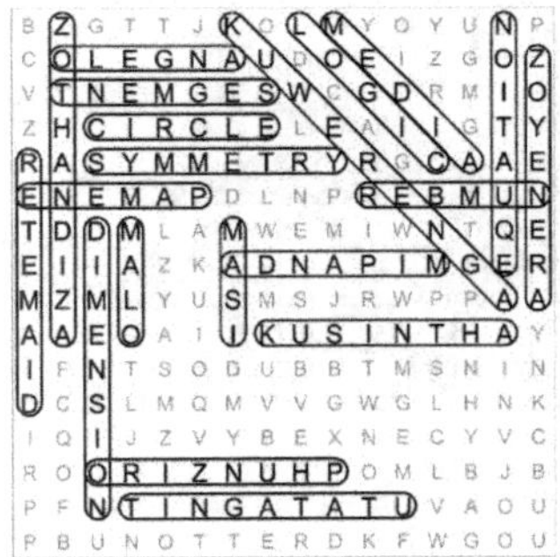

58 - Airplanes

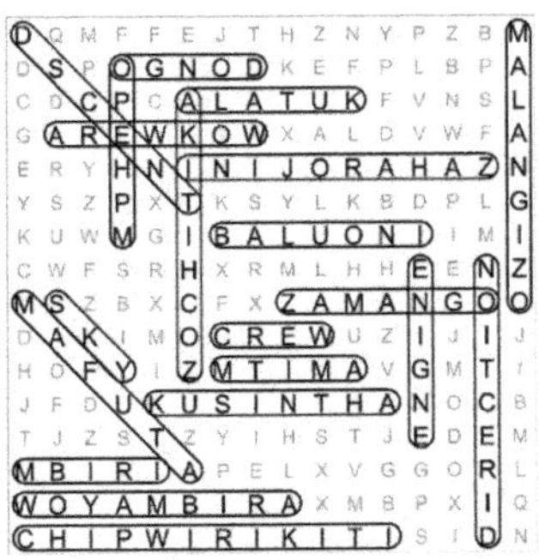

59 - Birds

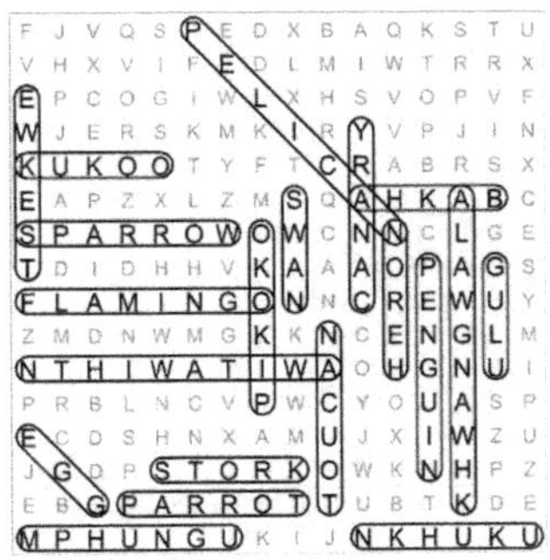

60 - Nutrition

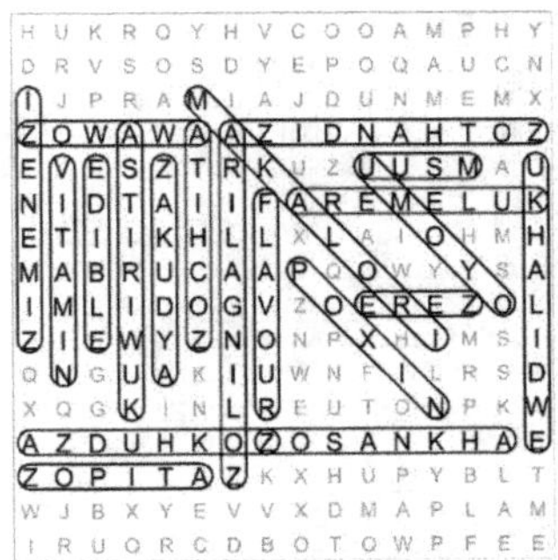

61 - Hiking

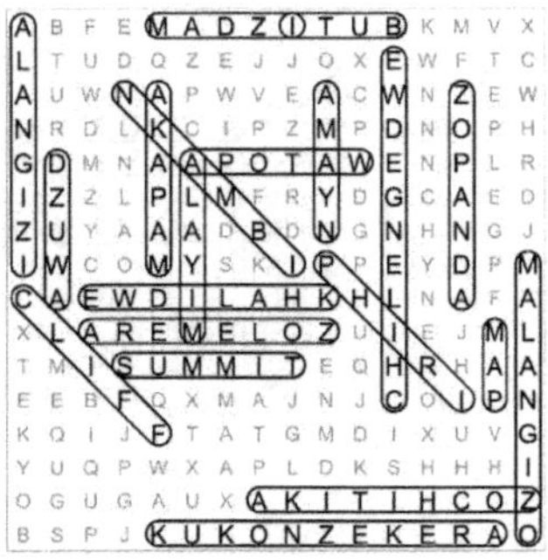

62 - Professions #1

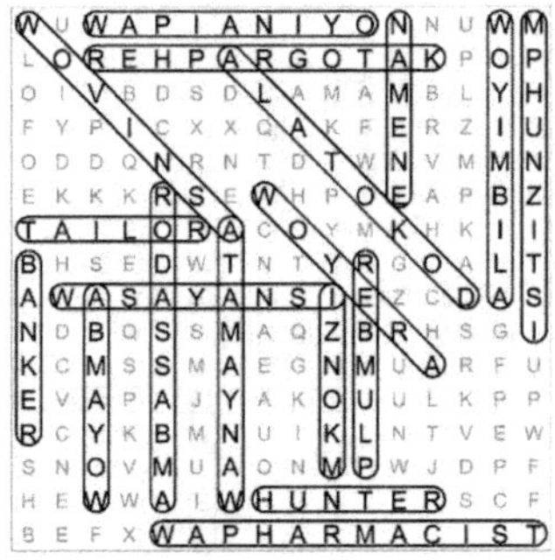

63 - Barbecues

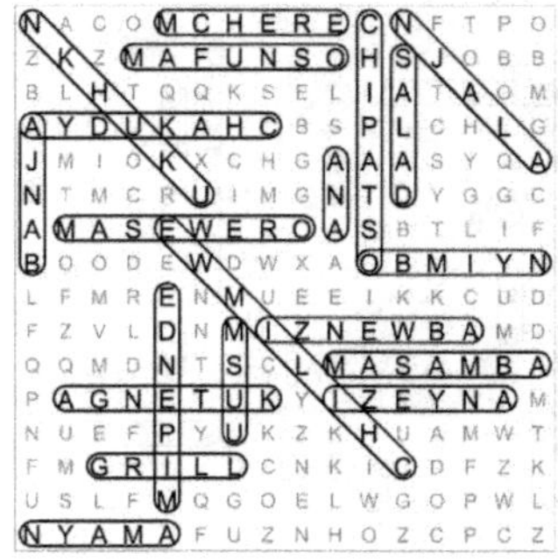

64 - Chocolate

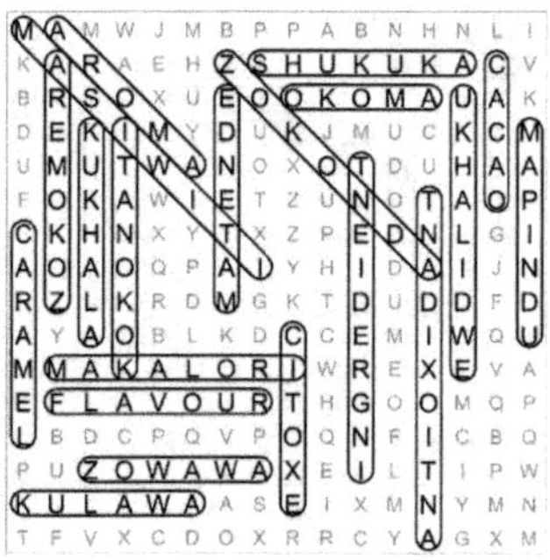

65 - Vegetables

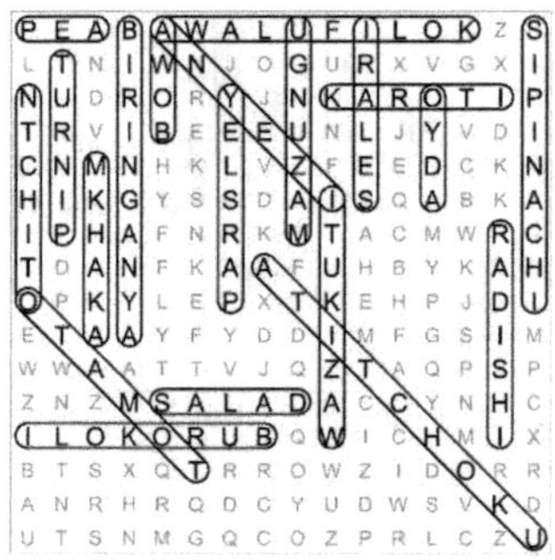

66 - The Media

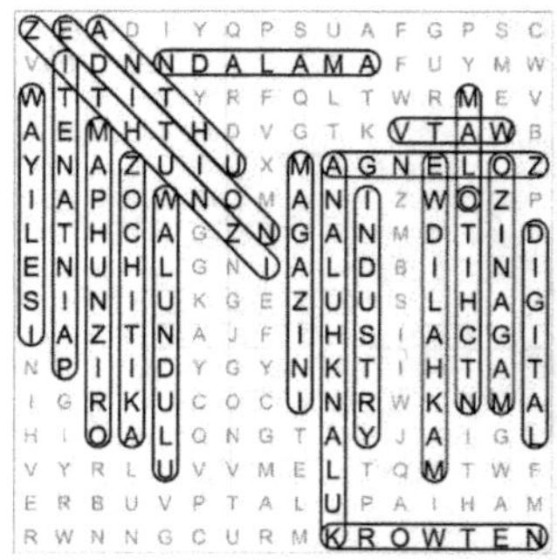

67 - Boats

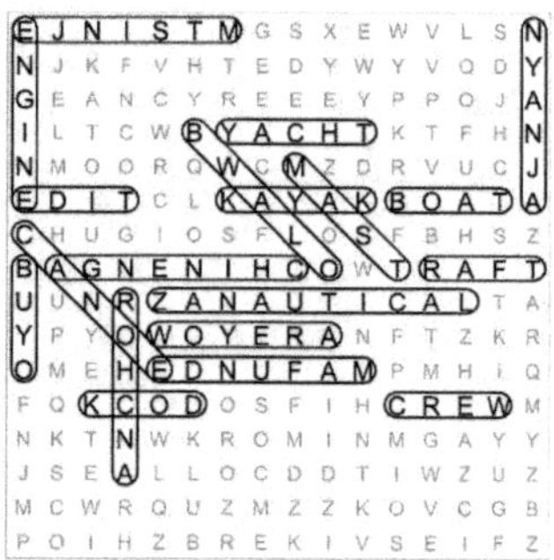

68 - Activities and Leisure

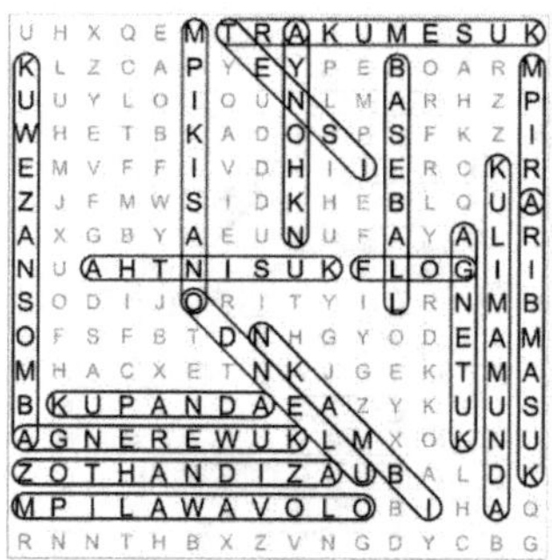

69 - Driving

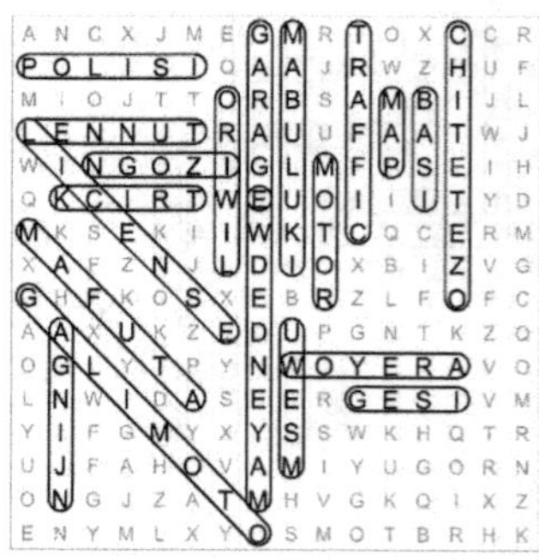

70 - Biology

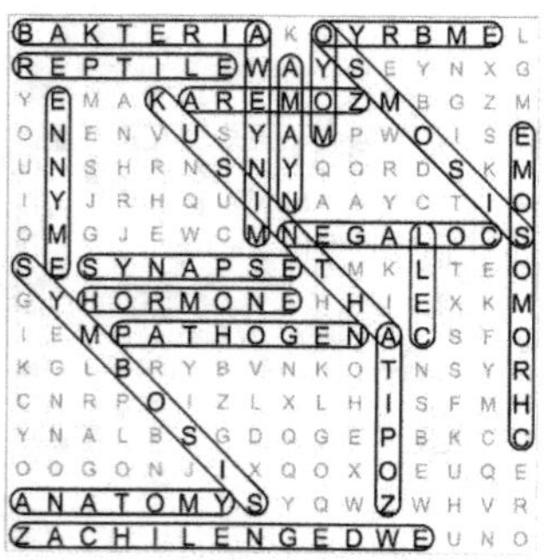

71 - Professions #2

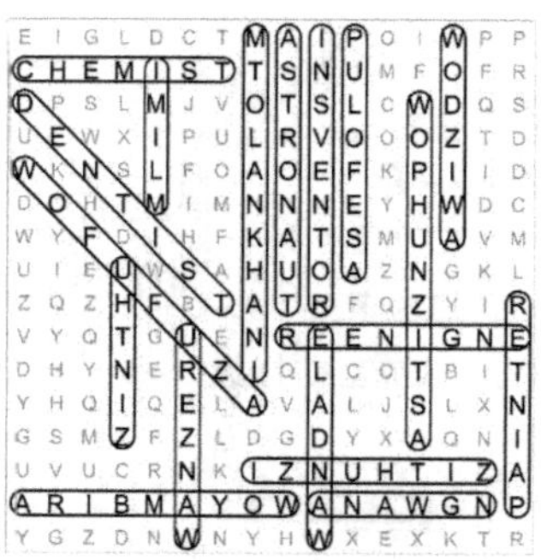

72 - Emotions

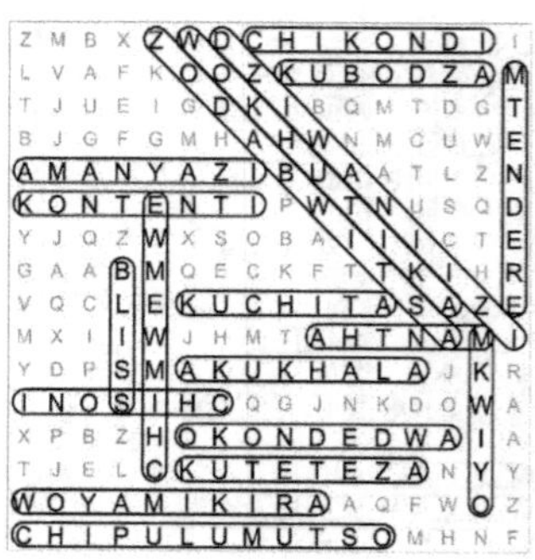

73 - Mythology

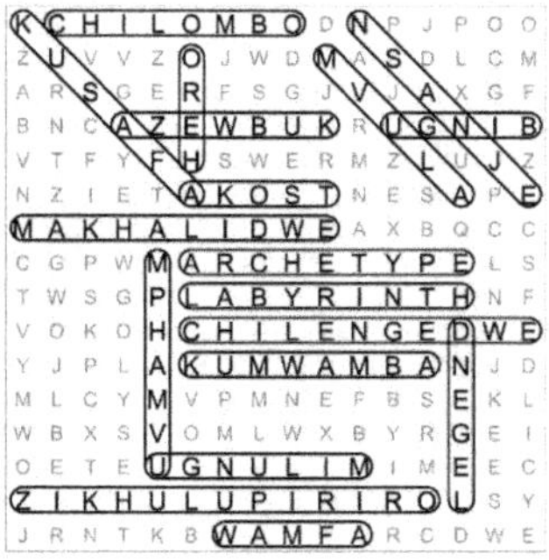

74 - Agronomy

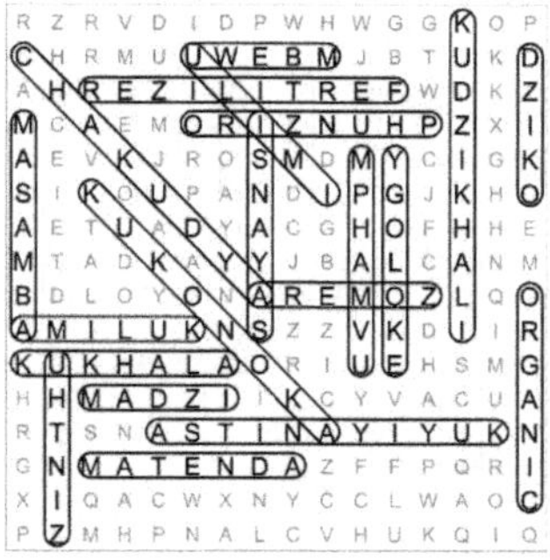

75 - Hair Types

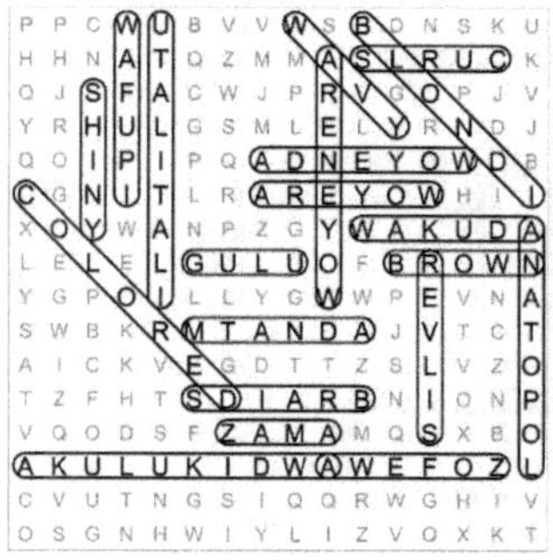

76 - Garden

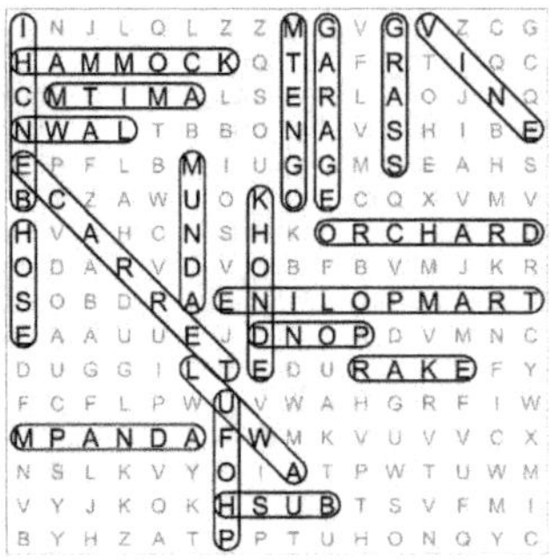

77 - Diplomacy

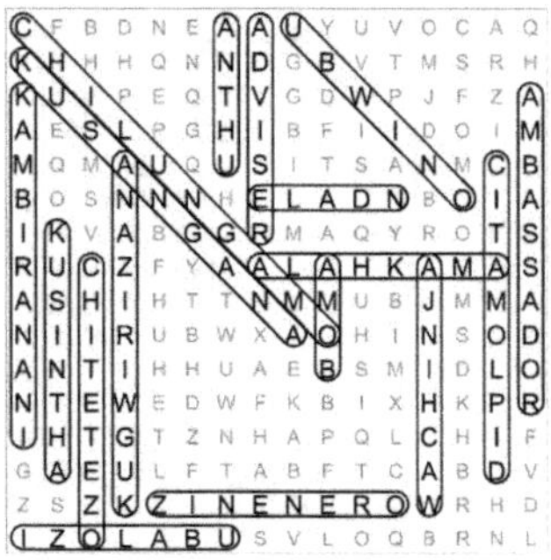

78 - Countries #1

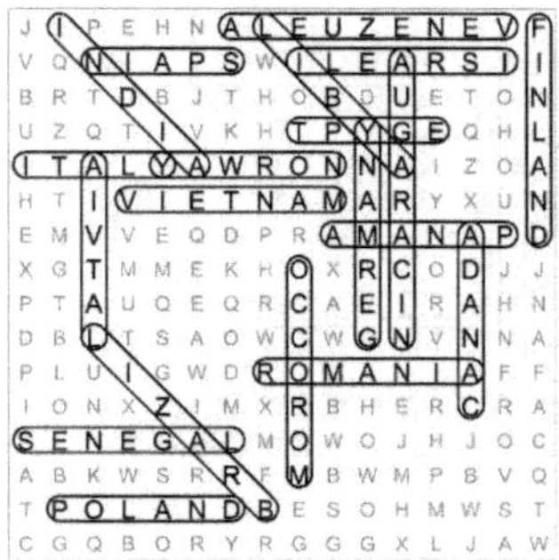

79 - Immigration

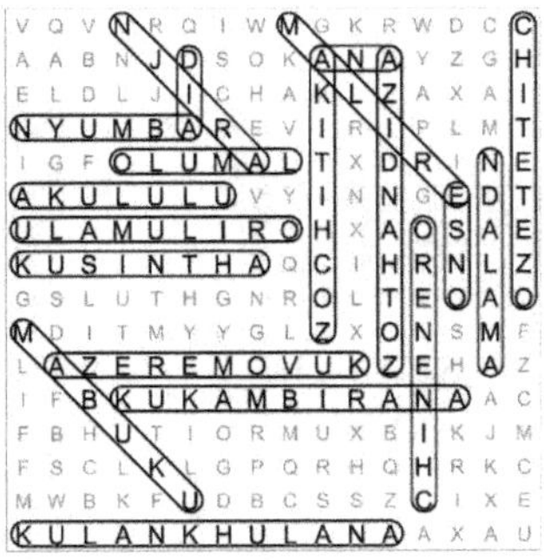

80 - Adjectives #1

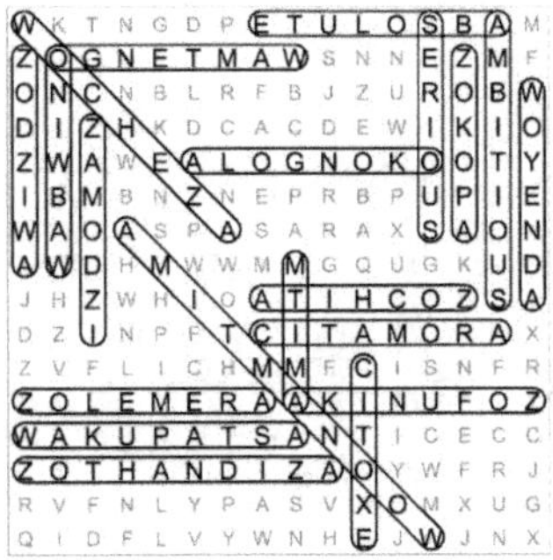

81 - Rainforest

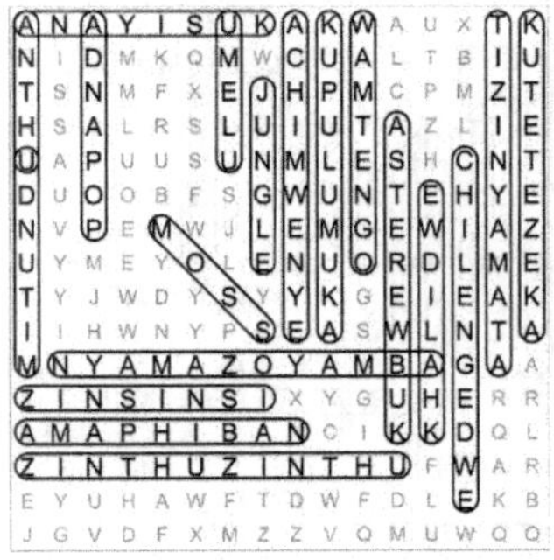

82 - Global Warming

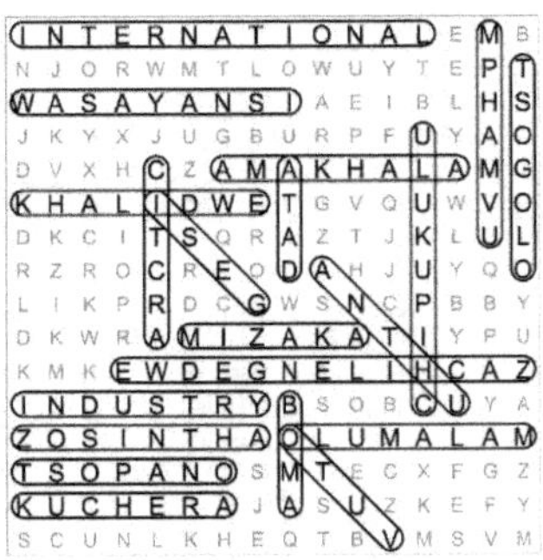

83 - Landscapes

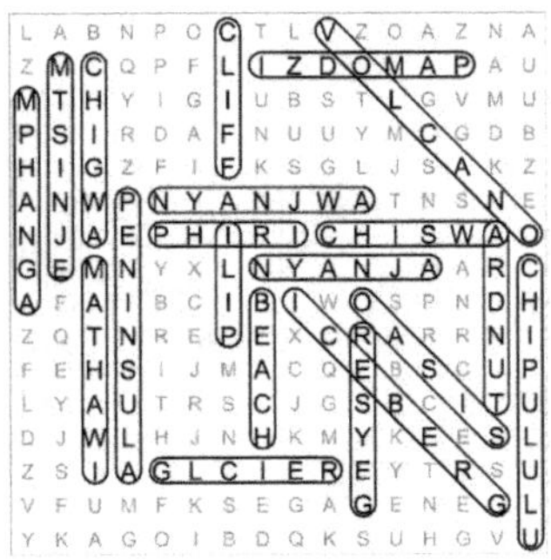

84 - Visual Arts

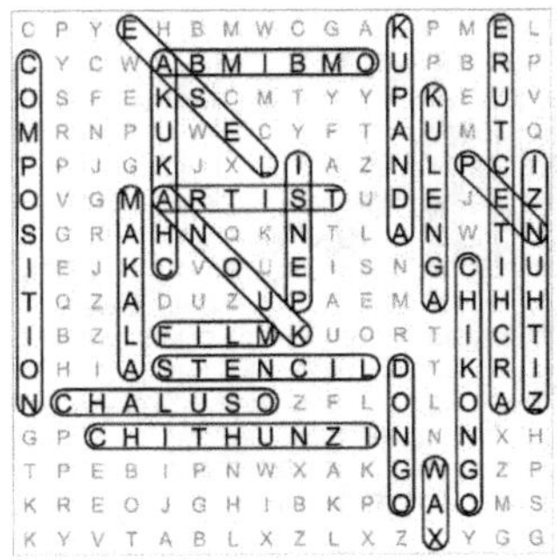

85 - Plants

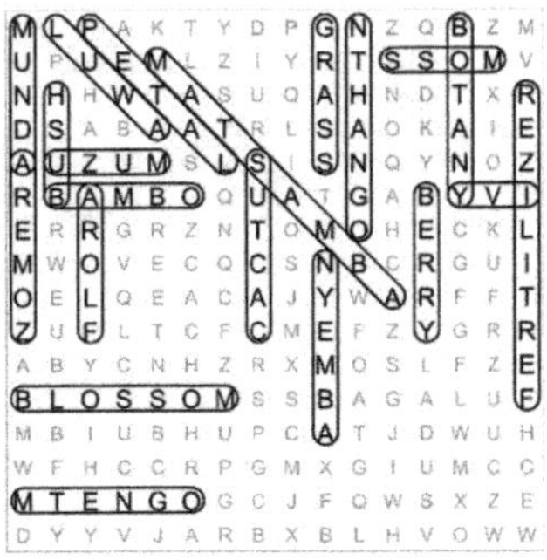

86 - Boxing

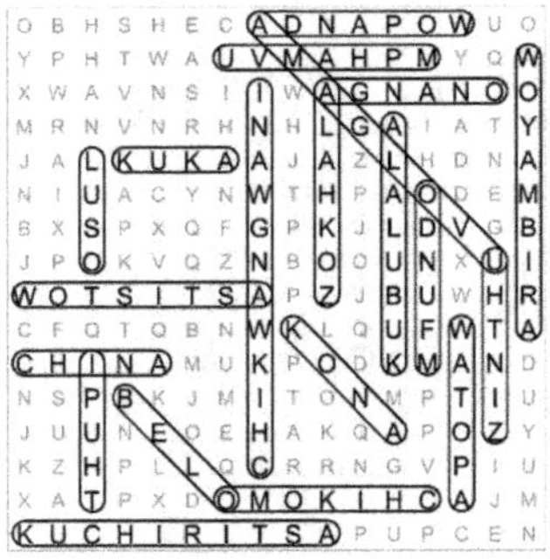

87 - Countries #2

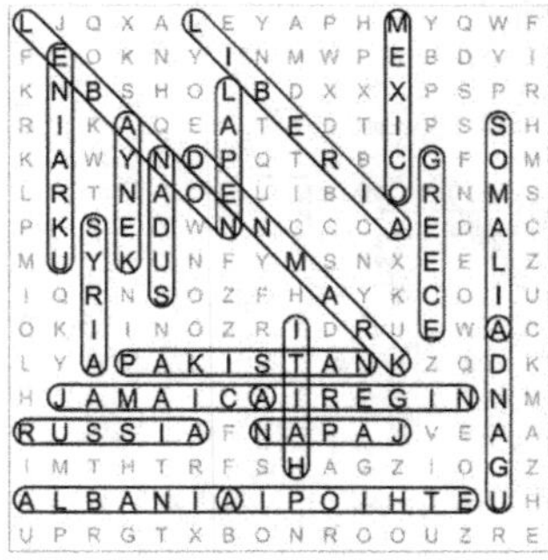

88 - Ecology

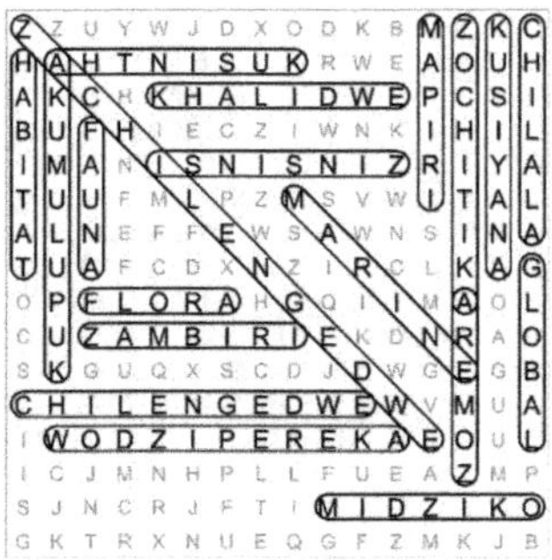

89 - Adjectives #2

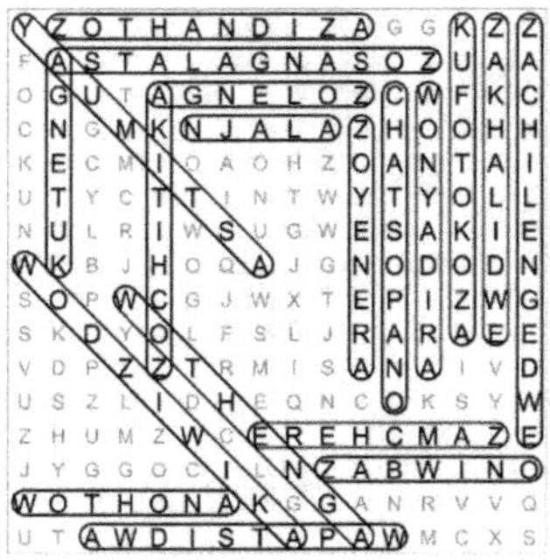

90 - Psychology

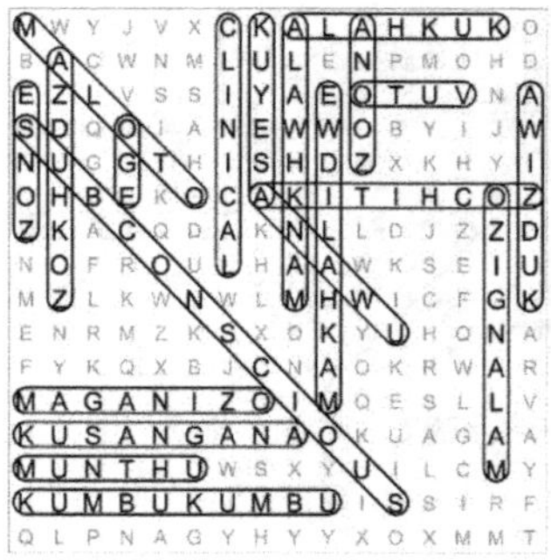

91 - Math

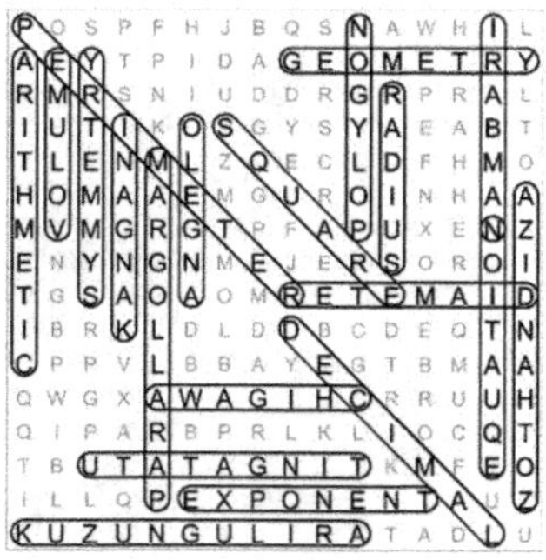

92 - Water

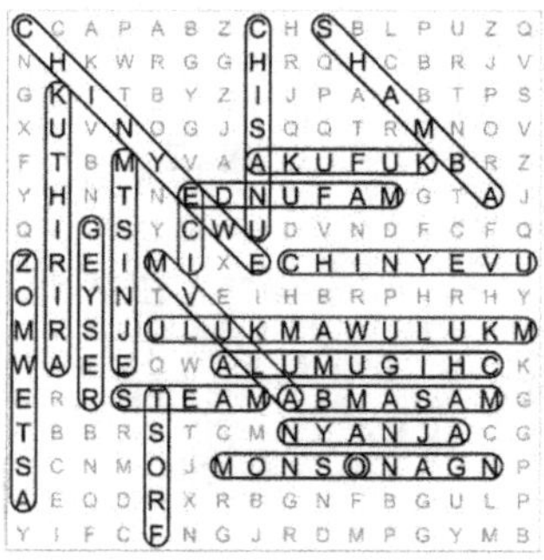

93 - Business

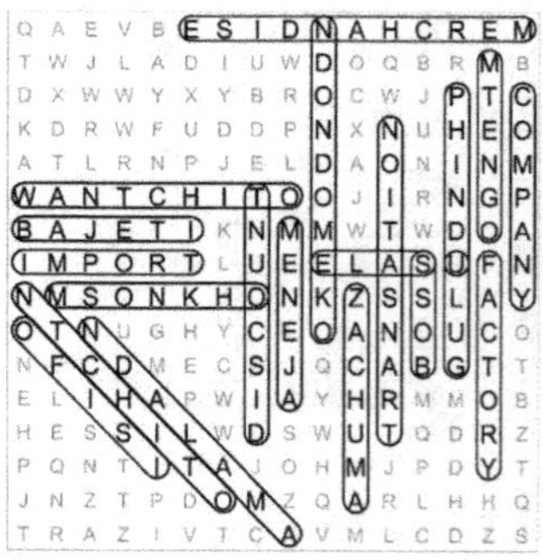

94 - The Company

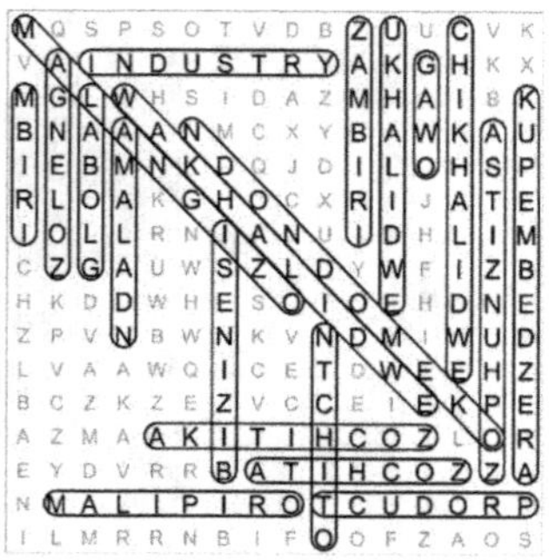

95 - Literature

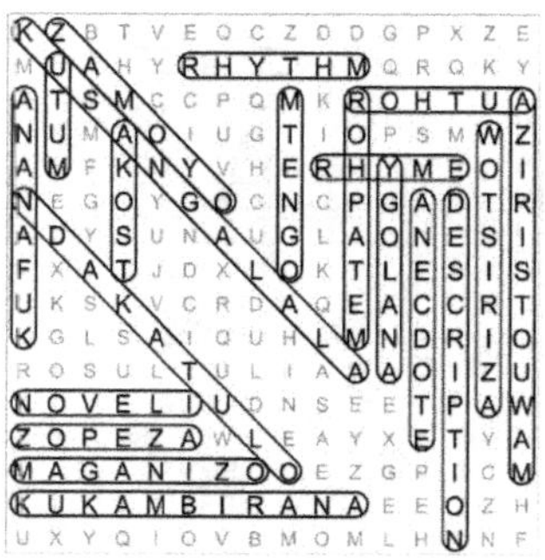

96 - Geography

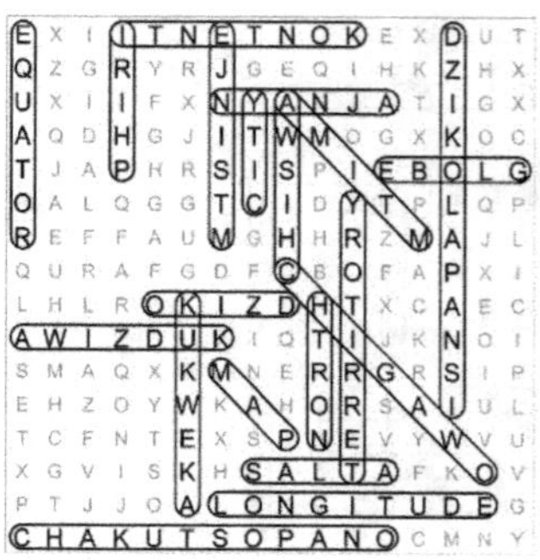

97 - Jazz

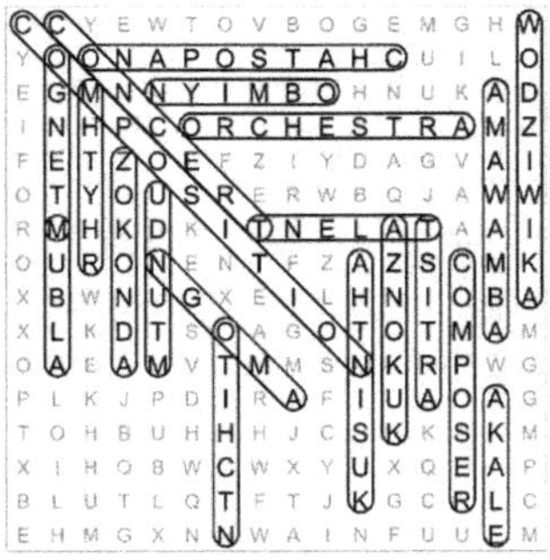

98 - Nature

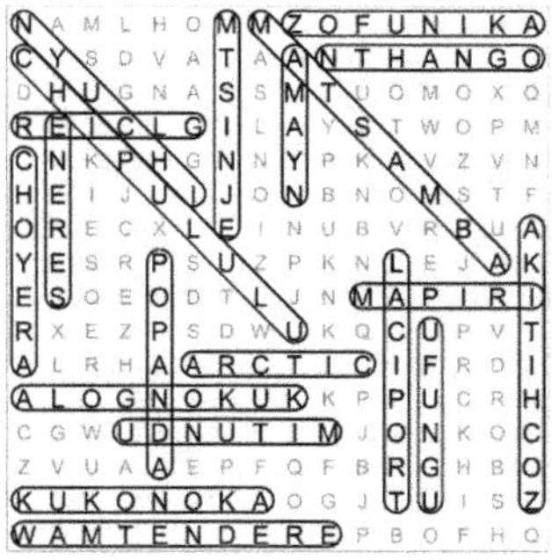

99 - Vacation #2

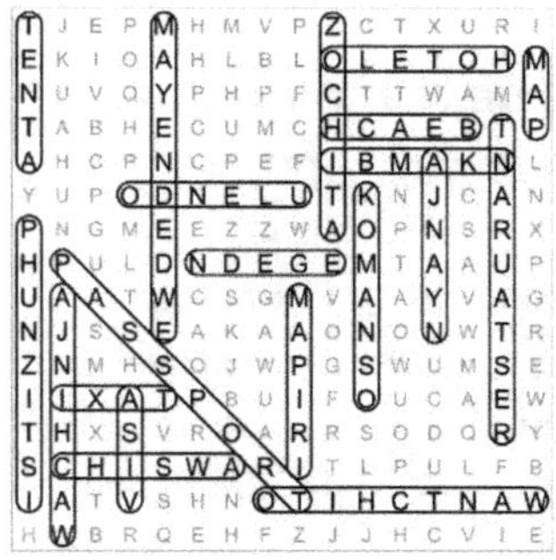

100 - Electricity

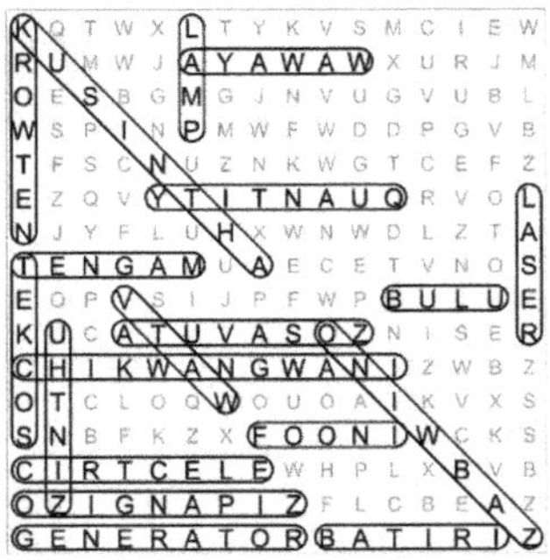

Dictionary

Activities and Leisure
Zochita ndi Zopuma

Art	Art
Baseball	Baseball
Boxing	Nkhonya
Camping	Nkambi
Diving	Kuwerenga
Fishing	Kuweza Nsomba
Gardening	Kulima Munda
Golf	Golf
Hiking	Kupanda
Hobbies	Zothandiza
Racing	Mpikisano
Relaxing	Kusintha
Shopping	Kutenga
Soccer	Mpira
Surfing	Kusemuka
Swimming	Kusambira
Tennis	Tensi
Travel	Ulendo
Volleyball	Mpila Wavolo

Adjectives #1
Adjectives #1

Absolute	Absolute
Ambitious	Ambitious
Aromatic	Aromatic
Artistic	Zochita
Attractive	Zokopa
Beautiful	Okongola
Dark	Mtima
Exotic	Exotic
Generous	Wakupatsa
Happy	Wabwino
Heavy	Zolemera
Helpful	Zothandiza
Honest	Woona Mtima
Identical	Zodziwa
Important	Zofunika
Modern	Zamodzi
Serious	Serious
Slow	Wocheza
Thin	Woyenda
Valuable	Wamtengo

Adjectives #2
Adjectives #2

Authentic	Zoyenera
Creative	Zolenga
Descriptive	Kufotokoza
Dramatic	Zochitika
Dry	Yaumitsa
Elegant	Zakhalidwe
Famous	Wodziwika
Gifted	Wapatsidwa
Hot	Kutenga
Hungry	Njala
Interesting	Zosangalatsa
Natural	Zachilengedwe
New	Chatsopano
Normal	Zabwino
Proud	Wonyadira
Responsible	Wothenga
Salty	Zamchere
Sleepy	Wothona
Strong	Zothandiza
Wild	Zochitika

Adventure
Zosangalatsa

Activity	Zochita
Beauty	Kukongola
Chance	Mwayi
Dangerous	Zoopsa
Destination	Komanso
Difficulty	Zovuta
Enthusiasm	Chikhalidwe
Excursion	Ulendo
Friends	Abwenzi
Itinerary	Njira
Joy	Chimwemwe
Nature	Chilengedwe
Navigation	Kuyenda
New	Chatsopano
Opportunity	Mwai
Preparation	Kukonzekera
Safety	Chitetezo
Surprising	Zodabwitsa
Travels	Maulendo
Unusual	Zazambirire

Agronomy
Agronomy

Agriculture	Ulimi
Diseases	Matenda
Ecology	Ekology
Energy	Mphamvu
Environment	Dziko
Erosion	Kukonoka
Farming	Kulima
Fertilizer	Fertilizer
Food	Chakudya
Organic	Organic
Plants	Zomera
Pollution	Kuyiyanitsa
Production	Kukhala
Rural	Kudzikhali
Science	Sayansi
Seeds	Mbewu
Study	Phunziro
Systems	Zinthu
Vegetables	Masamba
Water	Madzi

Airplanes
Ndege

Adventure	Zochitika
Air	Mphepo
Atmosphere	Mtima
Balloon	Baluoni
Construction	Zamango
Crew	Crew
Descent	Dscent
Design	Dongo
Direction	Direction
Engine	Engine
Fuel	Mafuta
Height	Kusintha
History	Mbiri
Hydrogen	Za Harojini
Landing	Kutala
Passenger	Wokwera
Pilot	Woyambira
Propellers	Malangizo
Sky	Sky
Turbulence	Chipwirikiti

Algebra
Algebra

Addition	Zowonjezera
Diagram	Diagram
Division	Kugawana
Equation	Equation
Exponent	Exponent
Factor	Chifukwa
False	Zabodza
Formula	Formula
Fraction	Chigawa
Infinite	Zosavuta
Linear	Linear
Matrix	Matrix
Number	Number
Parenthesis	Makolo
Problem	Vuto
Simplify	Pewulani
Solution	Zothandiza
Subtraction	Kuchotsa
Variable	Zosintha
Zero	Zero

Antarctica
Antarctica

Bay	Bay
Birds	Zinthu Zinthu
Clouds	Mitundu
Conservation	Kuchenjezera
Continent	Kontenti
Cove	Pamodzi
Environment	Dziko
Expedition	Expedition
Geography	Geography
Glaciers	Glciers
Ice	Ice
Islands	Ziisi
Migration	Kusamuka
Peninsula	Peninsula
Researcher	Wofufuza
Rocky	Rocky
Scientific	Sayansi
Temperature	Kuchuluka
Topography	Topography
Water	Madzi

Antiques
Zakale

Art	Art
Auction	Mnkhani
Authentic	Zoyenera
Century	Zaka Zaka
Coins	Kodi
Decades	Zaka
Decorative	Zokongola
Elegant	Zakhalidwe
Enthusiast	Wochitika
Furniture	Mipambo
Gallery	Gallery
Investment	Ndondomeko
Old	Akale
Price	Price
Quality	Ukhalidwe
Restoration	Kubweretsa
Sculpture	Chikongo
Style	Mtengo
Unusual	Zazambirire
Value	Value

Archeology
Archaeology

Analysis	Kusangalala
Antiquity	Akale
Bones	Mafupa
Civilization	Tukulu
Descendant	Wotsitsa
Era	Era
Evaluation	Kuyesa
Expert	Katswiri
Findings	Zopeza
Forgotten	Ayiwala
Fossil	Fossil
Fragments	Zidukwa
Mystery	Chinsinsi
Objects	Zinthu
Relic	Relic
Researcher	Wofufuza
Team	Team
Temple	Temple
Tomb	Manda
Unknown	Osadziwa

Art Supplies
Art Supplies

Brushes	Masabashi
Camera	Kamera
Chair	Mpanda
Charcoal	Makala
Clay	Dongo
Colors	Mitundu
Crayons	Makalayoni
Creativity	Kulenga
Easel	Easel
Eraser	Eraser
Glue	Gulu
Ideas	Malangizo
Ink	Ink
Oil	Mafuta
Paints	Penzi
Paper	Paper
Pencils	Mapensi
Table	Tebulo
Water	Madzi
Watercolors	Zinthu Zamati

Astronomy
Zakuthambo

Asteroid	Asteroid
Astronaut	Astronaut
Astronomer	Wanyamata
Constellation	Mtanda
Earth	Dziko Lapansi
Eclipse	Eclipse
Galaxy	Galaxy
Moon	Mwezi
Nebula	Nebula
Observatory	Zoona
Planet	Planet
Radiation	Mankhwala
Rocket	Rocket
Satellite	Satellite
Sky	Sky
Solar	Solar
Supernova	Supernova
Telescope	Telesikopu
Universe	Chilengedwe
Zodiac	Zodiac

Ballet

Ballet

Applause	Amawamba
Artistic	Zochita
Audience	Omvera
Ballerina	Ballerina
Choreography	Choreography
Composer	Composer
Dancers	Ovina
Graceful	Wachisomo
Intensity	Kukhala
Lessons	Maphunziro
Muscles	Minofu
Music	Nyimbo
Orchestra	Orchestra
Practice	Muchite
Rehearsal	Kukwezera
Rhythm	Rhythm
Skill	Luso
Solo	Solo
Style	Mtengo
Technique	Ntchito

Barbecues

Zakudya Zokhwasula-Khwas

Chicken	Nkhuku
Children	Ana
Family	Banja
Food	Chakudya
Forks	Mafunso
Friends	Abwenzi
Fruit	Chipatso
Games	Masewero
Grill	Grill
Hot	Kutenga
Hunger	Njala
Knives	Mipende
Music	Nyimbo
Onions	Anyezi
Salads	Salad
Salt	Mchere
Sauce	Msuu
Summer	Chilimwe
Tomatoes	Nyama
Vegetables	Masamba

Beauty

Kukongola

Charm	Chithunzi
Color	Color
Cosmetics	Zotsatira
Curls	Curls
Elegance	Kukongola
Elegant	Zakhalidwe
Fragrance	Kunthawitsa
Grace	Chisomo
Lipstick	Lipstick
Mascara	Mascara
Mirror	Mirror
Oils	Mafuta
Scent	Scent
Scissors	Masaka
Services	Ntchito
Shampoo	Shampoo
Skin	Khondo
Smooth	Zosavuta
Stylist	Stylist

Bees

Njuchi

Beneficial	Zopindutsa
Blossom	Blossom
Diversity	Kusiyana
Ecosystem	Ecosystem
Flowers	Maluba
Food	Chakudya
Fruit	Chipatso
Garden	Munda
Habitat	Habitat
Hive	Hiv
Honey	Uchi
Insect	Tizinyamata
Plants	Zomera
Pollen	Mulungu
Pollinator	Pollinator
Queen	Queen
Smoke	Sutani
Sun	Dzuwa
Swarm	Zosavuta
Wax	Wax

Biology

Biology

Anatomy	Anatomy
Bacteria	Bakteria
Cell	Cell
Chromosome	Chromosome
Collagen	Colagen
Embryo	Embryo
Enzyme	Ennyme
Hormone	Hormone
Living	Moyo
Mammal	Nyama
Mutation	Kusintha
Natural	Zachilengedwe
Nerve	Minyewa
Osmosis	Osmosis
Pathogen	Pathogen
Plants	Zomera
Protein	Zopita
Reptile	Reptile
Symbiosis	Symbosis
Synapse	Synapse

Birds

Mbalame

Canary	Canary
Chicken	Nkhuku
Crow	Khwangwala
Cuckoo	Kukoo
Duck	Bakha
Eagle	Mphungu
Egg	Egg
Flamingo	Flamingo
Goose	Tsekwe
Gull	Gulu
Heron	Heron
Ostrich	Nthiwatiwa
Parrot	Parrot
Peacock	Pikoko
Pelican	Pelican
Penguin	Penguin
Sparrow	Sparrow
Stork	Stork
Swan	Swan
Toucan	Toucan

Boats
Mabwato

Anchor	Anchor
Buoy	Buyo
Canoe	Canoe
Crew	Crew
Dock	Dock
Engine	Engine
Ferry	Bwalo
Kayak	Kayak
Lake	Nyanja
Mast	Mast
Nautical	Za Nautical
Raft	Raft
River	Mtsinje
Rope	Chinenga
Sailboat	Boat
Sailor	Woyera
Tide	Tide
Waves	Mafunde
Yacht	Yacht

Books
Mabuku

Adventure	Zochitika
Author	Author
Character	Khalidwe
Collection	Kusonkhanitsa
Duality	Duality
Epic	Epic
Historical	Za Mbiri
Humorous	Zosangalatsa
Inventive	Zothandiza
Literary	Zolemba
Narrator	Wotsiriza
Novel	Noveli
Page	Tsamba
Poetry	Ndakatulo
Reader	Owerenga
Relevant	Zoyenera
Story	Nkhani
Tragic	Zowatsa
Words	Mawu
Written	Zolembedwa

Boxing
Nkhonya

Bell	Belo
Body	Thupi
Chin	China
Corner	Kona
Elbow	Chikomo
Exhausted	Watopa
Fighter	Wopanda
Fist	Chikwangwani
Focus	Zokhala
Gloves	Amaglovu
Injuries	Kubulala
Kick	Kuka
Opponent	Wotsitsa
Points	Mfundo
Quick	Onanga
Recovery	Kuchiritsa
Referee	Woyambira
Ropes	Zinthu
Skill	Luso
Strength	Mphamvu

Buildings
Nyumba

Apartment	Apartment
Barn	Barn
Cabin	Cabin
Castle	Castle
Cinema	Cinema
Embassy	Ubalozi
Factory	Factory
Hospital	Chipatala
Hostel	Kogona
Hotel	Hotelo
Laboratory	Laboratori
Museum	Museum
Observatory	Zoona
School	Sukulu
Stadium	Stadium
Supermarket	Supamaketi
Tent	Tenta
Theater	Semenero
Tower	Tower
University	Univesite

Business
Bizinesi

Boss	Boss
Budget	Bajeti
Company	Company
Cost	Mtengo
Discount	Discount
Economics	Zachuma
Employee	Wantchito
Employer	Ntchito
Factory	Factory
Import	Import
Investment	Ndondomeko
Manager	Meneja
Merchandise	Merchandise
Money	Ndalama
Office	Ofisi
Profit	Phindu
Sale	Sale
Shop	Gulu
Taxes	Msonkho
Transaction	Transation

Camping
Kumanga Msasa

Adventure	Zochitika
Animals	Nyama
Cabin	Cabin
Canoe	Canoe
Compass	Compass
Fire	Moto
Forest	Nthango
Fun	Zosangalala
Hammock	Hammock
Hat	Choti
Hunting	Kupeza
Insect	Tizinyamata
Lake	Nyanja
Map	Map
Moon	Mwezi
Mountain	Phiri
Nature	Chilengedwe
Rope	Chinenga
Tent	Tenta
Trees	Mtengo

Chemistry
Chemistry

Acid	Acid
Alkaline	Alkaline
Carbon	Kabonani
Catalyst	Catalyst
Chlorine	Chlorine
Electron	Elektron
Enzyme	Ennyme
Gas	Gesi
Heat	Kuchera
Hydrogen	Za Harojini
Ion	Ion
Liquid	Liquid
Metals	Zinthu
Molecule	Molekukulu
Nuclear	Nuclear
Organic	Organic
Oxygen	Oksigani
Salt	Mchere
Temperature	Kuchuluka
Weight	Kulemera

Chocolate
Chokoleti

Antioxidant	Antioxidant
Aroma	Aroma
Bitter	Zowawa
Cacao	Cacao
Calories	Makalori
Candy	Masiwiti
Caramel	Caramel
Coconut	Kokonati
Craving	Kukhala
Delicious	Zokomera
Exotic	Exotic
Favorite	Zokonda
Flavor	Flavour
Ingredient	Ingredient
Peanuts	Matende
Quality	Ukhalidwe
Recipe	Mapindu
Sugar	Shukuka
Sweet	Okoma
Taste	Kulawa

Clothes
Zovala

Apron	Apron
Belt	Lamba
Blouse	Blouse
Bracelet	Bracelet
Dress	Valala
Fashion	Zophunzitsa
Gloves	Amaglovu
Hat	Choti
Jacket	Jacket
Jeans	Jeansi
Necklace	Nklasi
Pajamas	Pajamas
Pants	Mathawala
Sandals	Nsandulo
Scarf	Scarf
Shirt	Mashati
Shoe	Nsapato
Skirt	Skirt
Socks	Masoksi
Sweater	Sweater

Coffee
Khofi

Aroma	Aroma
Beverage	Chamodzi
Bitter	Zowawa
Black	Wakuda
Caffeine	Caffeine
Cream	Cream
Cup	Cup
Filter	Zosefa
Flavor	Flavour
Grind	Gaya
Liquid	Liquid
Milk	Mkaka
Morning	M'Mawa
Origin	Origin
Price	Price
Roasted	Woocha
Sugar	Shukuka
Variety	Kusintha
Water	Madzi

Countries #1
Mayiko #1

Brazil	Brazil
Canada	Canada
Egypt	Egypt
Finland	Finland
Germany	Germany
India	India
Israel	Israeli
Italy	Italy
Latvia	Latvia
Libya	Libya
Morocco	Morocco
Nicaragua	Nicaragua
Norway	Norway
Panama	Panama
Poland	Poland
Romania	Romania
Senegal	Senegal
Spain	Spain
Venezuela	Venezuela
Vietnam	Vietnam

Countries #2
Mayiko #2

Albania	Albania
Denmark	Denmark
Ethiopia	Ethiopia
Greece	Greece
Haiti	Haiti
Jamaica	Jamaica
Japan	Japan
Kenya	Kenya
Lebanon	Lebanon
Liberia	Liberia
Mexico	Mexico
Nepal	Nepal
Nigeria	Nigeria
Pakistan	Pakistan
Russia	Russia
Somalia	Somalia
Sudan	Sudan
Syria	Syria
Uganda	Uganda
Ukraine	Ukraine

Days and Months
Masiku ndi Miyezi

April	April
August	August
Calendar	Kalenda
February	February
Friday	Lachisanu
January	January
July	July
March	March
May	May
Monday	Lolemba
Month	Mwezi
November	November
October	October
Saturday	Lachitatu
September	September
Sunday	Lamulungu
Thursday	Lachina
Tuesday	Lachiwiri
Week	Mlungu
Year	Chaka

Diplomacy
Diplomacy

Adviser	Adviser
Ambassador	Ambassador
Community	Anthu
Conflict	Kusangana
Cooperation	Kugwirizana
Diplomatic	Diplomatic
Discussion	Kambiranani
Embassy	Ubalozi
Ethics	Amakhala
Foreign	Wachinja
Government	Boma
Humanitarian	Anthu
Integrity	Ubwino
Justice	Chilungamo
Languages	Zinenero
Politics	Ndale
Resolution	Kusintha
Security	Chitetezo
Solution	Zothandiza
Treaty	Chipangano

Disease
Matenda

Abdominal	Mimba
Allergies	Ziwiri
Bacterial	Bacteria
Body	Thupi
Bones	Mafupa
Chronic	Zabwino
Contagious	Opatsirana
Genetic	Genetic
Health	Umoyo
Heart	Mtima
Hereditary	Chochokera
Immunity	Chitetezo
Inflammation	Kupirira
Lumbar	Lumba
Neuropathy	Zinthu Zonse
Pathogens	Zithunzi
Respiratory	Zopeza
Syndrome	Syndrome
Therapy	Mankhwala
Weak	Zofooka

Driving
Kuyendetsa

Brakes	Mabuluki
Bus	Basi
Car	Galimoto
Danger	Ngozi
Driver	Woyera
Fuel	Mafuta
Garage	Garage
Gas	Gesi
License	License
Map	Map
Motor	Motor
Motorcycle	Njinga
Police	Polisi
Safety	Chitetezo
Speed	Liwiro
Street	Msewu
Traffic	Traffic
Transportation	Mayendedwe
Truck	Trick
Tunnel	Tunnel

Ecology
Ecology

Climate	Khalidwe
Communities	Midziko
Diversity	Kusiyana
Drought	Chilala
Fauna	Fauna
Flora	Flora
Global	Global
Habitat	Habitat
Marine	Marine
Mountains	Mapiri
Natural	Zachilengedwe
Nature	Chilengedwe
Resources	Zambiri
Species	Zinsinsi
Survival	Kupulumuka
Sustainable	Zochitika
Variety	Kusintha
Vegetation	Zomera
Volunteers	Wodzipereka

Electricity
Magetsi

Battery	Batiri
Bulb	Bulu
Cable	Chikwangwani
Electric	Electric
Equipment	Zipangizo
Generator	Generator
Lamp	Lamp
Laser	Laser
Magnet	Magnet
Negative	Zosavuta
Network	Network
Objects	Zinthu
Positive	Zabwino
Quantity	Quantity
Socket	Socket
Storage	Kusintha
Telephone	Fooni
Television	Watv
Wires	Wawaya

Emotions
Zomverera

Anger	Mkwiyo
Bliss	Bliss
Boredom	Kubodza
Calm	Dziwani Izi
Content	Kontenti
Embarrassed	Amanyazi
Excited	Okondedwa
Fear	Mantha
Grateful	Woyamikira
Joy	Chimwemwe
Love	Chikondi
Peace	Mtendere
Relaxed	Akukhala
Relief	Chipulumutso
Sadness	Chisoni
Satisfied	Wokhutika
Surprise	Zodabwitsa
Tenderness	Kuchita
Tranquility	Kuteteza

Energy
Mphamvu

Battery	Batiri
Carbon	Kabonani
Diesel	Dizilo
Electric	Electric
Electron	Elektron
Engine	Engine
Entropy	Entropy
Environment	Dziko
Fuel	Mafuta
Gasoline	Gasoline
Heat	Kuchera
Hydrogen	Za Harojini
Industry	Industry
Motor	Motor
Nuclear	Nuclear
Photon	Photo
Pollution	Kuyiyanitsa
Renewable	Zowonjezedwa
Turbine	Ntchito
Wind	Mphepo

Engineering
Engineering

Angle	Angelo
Axis	Axis
Calculation	Kuwerenga
Construction	Zamango
Depth	Kuzama
Diagram	Diagram
Diameter	Diameter
Diesel	Dizilo
Distribution	Kugawanidwa
Energy	Mphamvu
Engine	Engine
Gears	Magaiya
Levers	Levers
Liquid	Liquid
Machine	Makani
Measurement	Kupita
Motor	Motor
Propulsion	Kusonyeza
Stability	Kukhala
Structure	Kanjira

Family
Banja

Ancestor	Makolo
Aunt	Aunt
Brother	M'Bale
Child	Mwana
Childhood	Uwana
Children	Ana
Cousin	Mzala
Daughter	Mbuti
Father	Atate
Grandfather	Agogo
Grandson	Mzukulu
Husband	Mwamuna
Maternal	Amayi
Mother	Mayi
Nephew	Mbuya
Niece	Nice
Paternal	Bambo
Sister	Sister
Uncle	Malume
Wife	Mkazi

Farm #1
Famu #1

Agriculture	Ulimi
Bee	Bee
Bison	Bison
Cat	Cat
Chicken	Nkhuku
Cow	Ng'Ombe
Crow	Khwangwala
Dog	Galu
Donkey	Bulu
Fence	Mpanda
Fertilizer	Fertilizer
Field	Malo
Flock	Gulu
Goat	Mbuzi
Hay	Hay
Honey	Uchi
Horse	Hatchi
Rice	Mpunga
Seeds	Mbewu
Water	Madzi

Farm #2
Famu #2

Animals	Nyama
Barley	Baley
Barn	Barn
Beehive	Beehive
Corn	Chimanga
Duck	Bakha
Farmer	Mlimi
Food	Chakudya
Fruit	Chipatso
Irrigation	Kuthirira
Llama	Llama
Meadow	Madzulo
Milk	Mkaka
Orchard	Orchard
Sheep	Nkhosa
Shepherd	M'Busa
Tractor	Talakala
Vegetable	Masamba
Wheat	Tirigu
Windmill	Windmill

Fashion
Mafashoni

Boutique	Boutique
Buttons	Mabutani
Clothing	Zovala
Comfortable	Wabwino
Elegant	Zakhalidwe
Embroidery	Embroidery
Expensive	Ndalama
Fabric	Ntchito
Lace	Lace
Measurements	Miyezo
Minimalist	Minimalist
Modern	Zamodzi
Modest	Wonse
Original	Zoyambira
Pattern	Chitsanzo
Simple	Zopeza
Sophisticated	Zophunzitsa
Style	Mtengo
Texture	Zoyenera
Trend	Zochitika

Flowers
Maluwa

Bouquet	Bouquet
Clover	Clover
Daisy	Daisy
Dandelion	Dandelion
Gardenia	Gardenia
Hibiscus	Hibiscus
Jasmine	Jasmine
Lavender	Laveder
Lilac	Lilac
Lily	Lily
Magnolia	Magnolia
Orchid	Orchid
Peony	Peoni
Petal	Petal
Plumeria	Plumeria
Poppy	Poppy
Rose	Rose
Sunflower	Mpendadzuwa
Tulip	Tulipi

Food #1
Chakudya #1

Apricot	Apurikoti
Barley	Baley
Basil	Basil
Carrot	Karoti
Cinnamon	Chinnamoni
Garlic	Adyo
Juice	Mtundu
Lemon	Mandimu
Milk	Mkaka
Onion	Anyezi
Peanut	Peanut
Pear	Peyala
Salad	Salad
Salt	Mchere
Soup	Msuu
Spinach	Sipinachi
Strawberry	Sitiroberi
Sugar	Shukuka
Tuna	Tuna
Turnip	Turnip

Food #2
Chakudya #2

Apple	Apulosi
Artichoke	Atitchoku
Banana	Nthochi
Broccoli	Burokoli
Celery	Selari
Cheese	Cheese
Cherry	Tcheri
Chicken	Nkhuku
Chocolate	Chokoleti
Egg	Egg
Eggplant	Biringanya
Fish	Nsomba
Grape	Mphatso
Ham	Nkhosa
Kiwi	Kiwi
Mushroom	Bowa
Rice	Mpunga
Tomato	Tomato
Wheat	Tirigu
Yogurt	Yogurt

Fruit
Chipatso

Apple	Apulosi
Apricot	Apurikoti
Banana	Nthochi
Berry	Berry
Cherry	Tcheri
Coconut	Kokonati
Fig	Chith
Grape	Mphatso
Guava	Guava
Kiwi	Kiwi
Lemon	Mandimu
Mango	Mango
Melon	Vwende
Nectarine	Nectarine
Orange	Lalanje
Papaya	Papaya
Peach	Pichesi
Pear	Peyala
Pineapple	Chinanazi
Raspberry	Rasipiberi

Garden
Munda

Bench	Benchi
Bush	Bush
Fence	Mpanda
Flower	Luwa
Garage	Garage
Garden	Munda
Grass	Grass
Hammock	Hammock
Hose	Hose
Lawn	Lawn
Orchard	Orchard
Pond	Pond
Porch	Khonde
Rake	Rake
Shovel	Phofu
Terrace	Terrace
Trampoline	Trampoline
Tree	Mtengo
Vine	Vine
Weeds	Mtima

Gardening
Kulima Dimba

Blossom	Blossom
Bouquet	Bouquet
Climate	Khalidwe
Compost	Compost
Container	Container
Dirt	Kuyambira
Edible	Edible
Exotic	Exotic
Floral	Floral
Foliage	Matsamba
Hose	Hose
Leaf	Lefu
Moisture	Chinyewe
Orchard	Orchard
Seasonal	Nyengo
Seeds	Mbewu
Soil	Dowo
Species	Zinsinsi
Water	Madzi

Geography
Geography

Atlas	Atlas
City	City
Continent	Kontenti
Country	Dziko
Elevation	Kukweka
Equator	Equator
Globe	Globe
Hemisphere	Dziko Lapansi
Island	Chiswa
Latitude	Mtima
Longitude	Longitude
Map	Map
Mountain	Phiri
North	North
Region	Chigawo
River	Mtsinje
Sea	Nyanja
South	Kudziwa
Territory	Territory
West	Chakutsopano

Geology
Geology

Acid	Acid
Cavern	Kavern
Continent	Kontenti
Crystals	Zinthu Zinthu
Cycles	Zang'Ono
Earthquake	Chivomezi
Erosion	Kukonoka
Fossil	Fossil
Geyser	Geyser
Lava	Lava
Layer	Layer
Minerals	Minerals
Molten	Wonyengwa
Plateau	Plateau
Quartz	Quartz
Salt	Mchere
Stalactite	Stalactite
Stone	Mwala
Tilt	Tilt
Volcano	Volcano

Geometry
Geometry

Angle	Angelo
Calculation	Kuwerenga
Circle	Circle
Curve	Mipanda
Diameter	Diameter
Dimension	Dimension
Equation	Equation
Height	Kusintha
Horizontal	Zoyenera
Logic	Logic
Mass	Masi
Median	Media
Number	Number
Parallel	Zothandiza
Proportion	Malo
Segment	Segment
Surface	Pamene
Symmetry	Symmetry
Theory	Phunziro
Triangle	Tingatatu

Global Warming
Kusintha Kwanyengo

Arctic	Arctic
Changes	Zosintha
Climate	Khalidwe
Crisis	Vuto
Data	Data
Development	Chipukulu
Energy	Mphamvu
Environmental	Zachilengedwe
Future	Tsogolo
Gas	Gesi
Generations	Mizaka
Government	Boma
Habitats	Amakhala
Industry	Industry
International	International
Legislation	Malamulo
Now	Tsopano
Populations	Anthu
Scientist	Wasayansi
Temperatures	Kuchera

Government
Boma

Citizenship	Nzika
Civil	Civil
Constitution	Malamulo
Democracy	Demokrasi
Discussion	Kambiranani
Dissent	Kusana
Equality	Kulingana
Independence	Kudziyika
Judicial	Oweruza
Justice	Chilungamo
Law	Lamulo
Leader	Mtsogoleri
Liberty	Liberty
Monument	Monument
Nation	Dziko
Peaceful	Wamtendere
Politics	Ndale
Speech	Kulankhula
State	State
Symbol	Chizindikiro

Hair Types
Mitundu Yatsitsi

Bald	Mtanda
Black	Wakuda
Blond	Blondi
Braided	Akulukidwa
Braids	Braids
Brown	Brown
Colored	Colored
Curls	Curls
Curly	Lopotana
Dry	Zama
Gray	Gulu
Long	Utalitali
Shiny	Shiny
Short	Wafupi
Silver	Silver
Soft	Zofewa
Thick	Woyenera
Thin	Woyenda
Wavy	Wavy
White	Woyera

Health and Wellness #1
Thanzi ndi Ubwino #1

Active	Zochitika
Bacteria	Bakteria
Bones	Mafupa
Clinic	Clinic
Doctor	Dokotala
Fracture	Kupanda
Habit	Zochita
Height	Kusintha
Hormones	Mahormone
Hunger	Njala
Injury	Kubulala
Muscles	Minofu
Nerves	Minyewa
Pharmacy	Pharmacy
Reflex	Reflex
Relaxation	Kupula
Skin	Khondo
Therapy	Mankhwala
Treatment	Mankhwala
Virus	Kachilombo

Health and Wellness #2
Thanzi ndi Ubwino #2

Allergy	Malangizo
Anatomy	Anatomy
Blood	Mwazi
Calorie	Kalori
Diet	Zakudya
Disease	Matenda
Energy	Mphamvu
Genetics	Genetics
Headache	Mtima
Hospital	Chipatala
Hygiene	Uchundu
Infection	Kuteteza
Massage	Massage
Mood	Mood
Nutrition	Zoyenera
Recovery	Kuchiritsa
Sleep	Gona
Stress	Kusintha
Vitamin	Vitamin
Weight	Kulemera

Herbalism
Herbalism

Aromatic	Aromatic
Basil	Basil
Beneficial	Zopindutsa
Culinary	Zophunzitsa
Fennel	Fennel
Flavor	Flavour
Flower	Luwa
Garden	Munda
Garlic	Adyo
Green	Zogirira
Ingredient	Ingredient
Lavender	Laveder
Marjoram	Marjoram
Mint	Mint
Oregano	Oregano
Parsley	Parsley
Plant	Zomera
Quality	Ukhalidwe
Rosemary	Rosemary
Saffron	Saffron

Hiking
Kuyenda Maulendo

Animals	Nyama
Boots	Buti
Camping	Nkambi
Cliff	Cliff
Climate	Khalidwe
Guides	Alangizi
Hazards	Zopanda
Heavy	Zolemera
Map	Map
Mountain	Phiri
Nature	Chilengedwe
Orientation	Malangizo
Parks	Mapaka
Preparation	Kukonzekera
Stones	Miyala
Summit	Summit
Sun	Dzuwa
Tired	Watopa
Water	Madzi
Wild	Zochitika

House
Nyumba

Basement	Basement
Broom	Tsache
Curtains	Makatani
Door	Khomo
Fence	Mpanda
Fireplace	Moto
Floor	Upanda
Furniture	Mipambo
Garage	Garage
Garden	Munda
Keys	Mayiko
Kitchen	Kitchen
Lamp	Lamp
Library	Laibulale
Mirror	Mirror
Roof	Tenga
Room	Chipinda
Shower	Shamba
Wall	Mpunga
Window	Window

Human Body
Thupi la Munthu

Ankle	Ankle
Blood	Mwazi
Bones	Mafupa
Brain	Ubongo
Chin	China
Ear	Khutu
Elbow	Chikomo
Face	Nkhope
Finger	Chala
Hand	Dzanja
Head	Mutu
Heart	Mtima
Jaw	Nyaya
Knee	Bondo
Leg	Leg
Mouth	Mwamo
Neck	Khosi
Nose	Mphuno
Shoulder	Mapewa
Skin	Khondo

Immigration
Kusamuka

Administration	Ulamuliro
Adults	Akululu
Aid	Aid
Approval	Kuvomereza
Borders	Malire
Children	Ana
Communication	Kulankhulana
Documents	Mabuku
Funding	Ndalama
Housing	Nyumba
Language	Chinenero
Law	Lamulo
Negotiation	Kukambirana
Officer	Onse
Process	Njira
Protection	Chitetezo
Situation	Zochitika
Solution	Zothandiza
Stress	Kusintha

Jazz
Jazi

Album	Album
Applause	Amawamba
Artist	Artist
Composer	Composer
Composition	Composition
Concert	Concert
Drums	Ng'Oma
Emphasis	Kusintha
Famous	Wodziwika
Favorites	Zokonda
Genre	Mtundu
Improvisation	Kukonza
New	Chatsopano
Old	Akale
Orchestra	Orchestra
Rhythm	Rhythm
Song	Nyimbo
Style	Mtengo
Talent	Talent
Technique	Ntchito

Kitchen
Khitchini

Apron	Apron
Bowl	Mabuku
Chopsticks	Zoti
Cups	Makapu
Food	Chakudya
Forks	Mafunso
Freezer	Zaufulu
Grill	Grill
Jar	Jar
Jug	Jug
Kettle	Kettle
Knives	Mipende
Ladle	Ladle
Napkin	Napkin
Oven	Ovani
Recipe	Mapindu
Refrigerator	Friji
Spices	Zokhudza
Sponge	Sponge
Spoons	Masiponi

Landscapes
Malo

Beach	Beach
Cave	Mphanga
Cliff	Cliff
Cove	Pamodzi
Desert	Chipululu
Geyser	Geyser
Glacier	Glcier
Hill	Pili
Iceberg	Iceberg
Island	Chiswa
Mountain	Phiri
Oasis	Oasis
Peninsula	Peninsula
River	Mtsinje
Sea	Nyanja
Swamp	Nyanjwa
Tundra	Tundra
Valley	Chigwa
Volcano	Volcano
Waterfall	Mathawi

Literature
Zolemba

Analogy	Analogy
Analysis	Kusangalala
Anecdote	Anecdote
Author	Author
Biography	Zamoyo
Comparison	Kufanana
Conclusion	Mawu Otsiriza
Description	Description
Dialogue	Kukambirana
Fiction	Zopeza
Metaphor	Metaphor
Narrator	Wotsiriza
Novel	Noveli
Opinion	Maganizo
Poem	Ndakatulo
Rhyme	Rhyme
Rhythm	Rhythm
Style	Mtengo
Theme	Mutu
Tragedy	Tsoka

Mammals
Nyama Zoyamwitsa

Bear	Nyamulira
Beaver	Beaver
Bull	Ng'Ombe
Cat	Cat
Coyote	Coyote
Dog	Galu
Dolphin	Dolphin
Elephant	Njovu
Fox	Fox
Giraffe	Manila
Gorilla	Gorila
Horse	Hatchi
Kangaroo	Kangaroo
Lion	Mkango
Monkey	Monyo
Rabbit	Kalulu
Sheep	Nkhosa
Whale	Nyamwamba
Wolf	Nkumbu
Zebra	Zebra

Math
Masamu

Angles	Angelo
Arithmetic	Arithmetic
Circumference	Kuzungulira
Decimal	Decimal
Diameter	Diameter
Equation	Equation
Exponent	Exponent
Fraction	Chigawa
Geometry	Geometry
Numbers	Nambari
Parallel	Zothandiza
Parallelogram	Parallogram
Perimeter	Perimeter
Polygon	Polygon
Radius	Radius
Rectangle	Kangani
Square	Square
Symmetry	Symmetry
Triangle	Tingatatu
Volume	Volume

Measurements
Miyeso

Byte	Byte
Centimeter	Centtimeter
Decimal	Decimal
Degree	Digiri
Depth	Kuzama
Gram	Gram
Height	Kusintha
Inch	Inch
Kilogram	Kilogram
Kilometer	Kilometer
Length	Length
Liter	Liter
Mass	Masi
Meter	Meter
Minute	Minute
Ounce	Ounce
Ton	Ton
Volume	Volume
Weight	Kulemera
Width	Kubwirira

Meditation
Kusinkhasinkha

Acceptance	Kulandira
Awake	Gawani
Breathing	Kupuma
Calm	Dziwani Izi
Compassion	Chifundo
Emotions	Zonse
Gratitude	Kuyamikira
Habits	Zochita
Happiness	Chimwemwe
Insight	Kudziwa
Mental	M'Malingaliro
Mind	Malangizo
Movement	Kuyenda
Music	Nyimbo
Nature	Chilengedwe
Peace	Mtendere
Perspective	Kuona
Silence	Chete
Thoughts	Maganizo
To Learn	Kuphunzira

Music
Nyimbo

Album	Album
Ballad	Ballad
Chorus	Chorus
Classical	Classical
Eclectic	Exectic
Improvise	Onani
Instrument	Chiyambi
Lyrical	Lyrical
Melody	Melody
Microphone	Microphone
Musical	Zinyimbo
Musician	Woyimbila
Opera	Opera
Poetic	Ndakatulo
Recording	Kukhalitsa
Rhythm	Rhythm
Sing	Yimbani
Singer	Woyimba
Tempo	Tempo
Vocal	Mawu

Musical Instruments
Zida Zanyimbo

Banjo	Banjo
Bassoon	Bassoon
Cello	Cello
Clarinet	Clarinet
Drum	Drum
Drumsticks	Zokhudza
Flute	Flute
Gong	Gonga
Guitar	Guita
Harmonica	Harmonica
Harp	Harp
Mandolin	Mandolin
Marimba	Marimba
Oboe	Oboe
Percussion	Mankhwala
Piano	Piano
Saxophone	Saxophone
Tambourine	Tambouine
Trumpet	Lipenga
Violin	Violin

Mythology
Nthano

Archetype	Archetype
Behavior	Makhalidwe
Beliefs	Zikhulupiriro
Creature	Chilengedwe
Culture	Chikhalidwe
Deities	Milungu
Disaster	Tsoka
Heaven	Kumwamba
Hero	Hero
Immortality	Kusafa
Jealousy	Nsanje
Labyrinth	Labyrinth
Legend	Legend
Lightning	Mvula
Monster	Chilombo
Mortal	Wamfa
Revenge	Kubweza
Strength	Mphamvu
Thunder	Bingu
Warrior	Wankhondo

Nature
Chilengedwe

Animals	Nyama
Arctic	Arctic
Beauty	Kukongola
Bees	Nyuchi
Clouds	Mitundu
Desert	Chipululu
Erosion	Kukonoka
Fog	Ufungu
Foliage	Matsamba
Forest	Nthango
Glacier	Glcier
Mountains	Mapiri
Peaceful	Wamtendere
River	Mtsinje
Sanctuary	Choyera
Serene	Serene
Shelter	Popanda
Tropical	Tropical
Vital	Zofunika
Wild	Zochitika

Nutrition
Zakudya Zopatsa Thanzi

Balanced	Zolingalira
Bitter	Zowawa
Calories	Makalori
Cereals	Zere
Choices	Zosankha
Diet	Zakudya
Edible	Edible
Fermentation	Kuwiritsa
Flavor	Flavour
Habits	Zochita
Health	Umoyo
Liquids	Zimenezi
Nutrient	Zothandiza
Proteins	Zopita
Quality	Ukhalidwe
Sauce	Msuu
Spices	Zokhudza
Toxin	Poxin
Vitamin	Vitamin
Weight	Kulemera

Photography
Kujambula

Black	Wakuda
Camera	Kamera
Color	Color
Composition	Composition
Contrast	Kusintha
Darkness	Mdima
Definition	Tanthauzo
Exhibition	Chisonyezo
Format	Format
Frame	Frame
Lighting	Kuwirira
Object	Chinthu
Perspective	Kuona
Portrait	Chithunzi
Shadows	Mithunzi
Soften	Kufwiritsa
Subject	Phunziro
Texture	Zoyenera
View	Onani
Visual	Zooneka

Physics
Physics

Atom	Atom
Chaos	Chisokonezo
Chemical	Chemical
Density	Kuchuluka
Electron	Elektron
Engine	Engine
Expansion	Kukula
Formula	Formula
Frequency	Frequency
Gas	Gesi
Magnetism	Magnetism
Mass	Masi
Mechanics	Zambiri
Molecule	Molekukulu
Nuclear	Nuclear
Particle	Phunziro
Relativity	Chibale
Speed	Liwiro
Universal	Universal
Velocity	Velocity

Plants
Zomera

Bamboo	Bambo
Bean	Nyemba
Berry	Berry
Blossom	Blossom
Botany	Botany
Bush	Bush
Cactus	Cactus
Fertilizer	Fertilizer
Flora	Flora
Flower	Luwa
Foliage	Matsamba
Forest	Nthango
Garden	Munda
Grass	Grass
Ivy	Ivy
Moss	Moss
Petal	Petal
Root	Muzu
Tree	Mtengo
Vegetation	Zomera

Professions #1
Ntchito #1

Ambassador	Ambassador
Astronomer	Wanyamata
Attorney	Woyamba
Banker	Banker
Cartographer	Katographer
Coach	Mphunzitsi
Dancer	Wovinsa
Doctor	Dokotala
Editor	Mkonzi
Hunter	Hunter
Jeweler	Zoyang'Anira
Musician	Woyimbila
Nurse	Namene
Pharmacist	Wa Pharmacist
Pianist	Wapianiyo
Plumber	Plumber
Sailor	Woyera
Scientist	Wasayansi
Tailor	Tailor
Veterinarian	Akanyamata

Professions #2
Ntchito #2

Astronaut	Astronaut
Chemist	Chemist
Dentist	Dentist
Detective	Wodziwa
Engineer	Engineer
Farmer	Mlimi
Illustrator	Zithunzi
Inventor	Insventor
Journalist	Mtolankhani
Linguist	Zinthu
Painter	Painter
Philosopher	Wanzeru
Photographer	Wozithunzitsa
Physician	Ngwana
Pilot	Woyambira
Politician	Wandale
Professor	Pulofesa
Publisher	Wophunzitsa
Researcher	Wofufuza
Teacher	Mphunzitsi

Psychology
Psychology

Appointment	Kukhala
Assessment	Kuyesa
Behavior	Makhalidwe
Childhood	Uwana
Clinical	Clinical
Cognition	Kudziwa
Conflict	Kusangana
Dreams	Maloto
Ego	Ego
Experiences	Zochitika
Ideas	Malangizo
Influences	Zokhudza
Memories	Kumbukumbu
Personality	Munthu
Problem	Vuto
Reality	Zoona
Sensation	Zonse
Subconscious	Subconscious
Therapy	Mankhwala
Thoughts	Maganizo

Rainforest
Nkhalango Yamvula

Amphibians	Amaphiban
Birds	Zinthu Zinthu
Climate	Khalidwe
Clouds	Mitundu
Community	Anthu
Diversity	Kusiyana
Indigenous	Achimwenye
Insects	Tizinyamata
Jungle	Jungle
Mammals	Nyama Zoyamba
Moss	Moss
Nature	Chilengedwe
Preservation	Kutetezeka
Refuge	Popanda
Respect	Ulemu
Restoration	Kubweretsa
Species	Zinsinsi
Survival	Kupulumuka
Valuable	Wamtengo

Restaurant #1
Malo Odyera #1

Allergy	Malangizo
Bowl	Mabuku
Bread	Mkate
Cashier	Casher
Chicken	Nkhuku
Coffee	Khofi
Dessert	Zotsatira
Food	Chakudya
Ingredients	Zothandiza
Kitchen	Kitchen
Knife	Mpende
Meat	Nyama
Menu	Menu
Napkin	Napkin
Plate	Mbale
Reservation	Kubweretsa
Sauce	Msuu
Spicy	Zokhudza
Waitress	Waitress

Science
Sayansi

Atom	Atom
Chemical	Chemical
Climate	Khalidwe
Data	Data
Evolution	Kusintha
Experiment	Kuyesa
Fact	Zoona
Fossil	Fossil
Gravity	Zokokera
Hypothesis	Zinthu Zonse
Laboratory	Laboratori
Method	Njira
Minerals	Minerals
Molecules	Masomphenya
Nature	Chilengedwe
Organism	Zamodzi
Particles	Zinthu
Physics	Fizisi
Plants	Zomera
Scientist	Wasayansi

Science Fiction
Zopeka Zasayansi

Books	Mabuku
Chemicals	Mankhwala
Cinema	Cinema
Clones	Cones
Distant	Wakuti
Dystopia	Dystopia
Explosion	Kupuka
Extreme	Kwambiri
Fire	Moto
Futuristic	Futuristi
Galaxy	Galaxy
Illusion	Chipembedzo
Imaginary	Zoganizira
Mysterious	Zachinsinsi
Oracle	Oracle
Planet	Planet
Robots	Maroboti
Technology	Teknolojia
Utopia	Utopia
World	Dziko

Scientific Disciplines
Maphunziro a Sayansi

Anatomy	Anatomy
Astronomy	Nyakuti
Biochemistry	Biochemistry
Biology	Bayology
Botany	Botany
Chemistry	Chemistry
Ecology	Ekology
Geology	Geolojia
Kinesiology	Kinesiolojia
Linguistics	Zinthu Zina
Mechanics	Zambiri
Meteorology	Meteorolojia
Mineralogy	Mineralogy
Nutrition	Zoyenera
Physics	Fizisi
Physiology	Fisiolojia
Psychology	Masikoloji
Robotics	Maroboti
Sociology	Zasociolojia
Zoology	Zology

Shapes
Maonekedwe

Arc	Arc
Circle	Circle
Cone	Cone
Corner	Kona
Cube	Cube
Curve	Mipanda
Cylinder	Cylinder
Edges	M'Mphepete
Ellipse	Ellipse
Hyperbola	Hyperbola
Line	Line
Oval	Oval
Polygon	Polygon
Prism	Prism
Pyramid	Pyramid
Rectangle	Kangani
Round	Zochita
Side	Malo
Square	Square
Triangle	Tingatatu

Spices
Zonunkhira

Anise	Anise
Bitter	Zowawa
Cardamom	Cardamom
Cinnamon	Chinnamoni
Clove	Kalove
Coriander	Coriander
Cumin	Cumin
Curry	Curry
Fennel	Fennel
Fenugreek	Fenugreek
Flavor	Flavour
Garlic	Adyo
Ginger	Ntchito
Licorice	Licorice
Onion	Anyezi
Paprika	Paprika
Saffron	Saffron
Salt	Mchere
Sweet	Okoma
Vanilla	Vanila

Sport
Masewera

Ability	Kutha
Athlete	Wophunzitsa
Body	Thupi
Bones	Mafupa
Coach	Mphunzitsi
Cycling	Panjinga
Dancing	Kuvina
Diet	Zakudya
Endurance	Kupirira
Goal	Cholinga
Health	Umoyo
Jogging	Jogging
Maximize	Kulimbikitsa
Metabolic	Metabolic
Muscles	Minofu
Nutrition	Zoyenera
Program	Program
Sports	Maseko
Strength	Mphamvu
Stretching	Kuwononga

The Company
Kampaniyo

Business	Bizinesi
Creative	Zolenga
Decision	Gawo
Employment	Ntchito
Global	Global
Industry	Industry
Innovative	Zophunzitsa
Investment	Ndondomeko
Possibility	Zochitika
Presentation	Chikhalidwe
Product	Product
Professional	Wakhalidwe
Progress	Kupembedzera
Quality	Ukhalidwe
Reputation	Mbiri
Resources	Zambiri
Revenue	Ndalama
Risks	Zochita
Units	Malangizo
Wages	Malipiro

The Media
Media

Advertisements	Zolenga
Attitudes	Makhalidwe
Commercial	Ntchito
Communication	Kulankhulana
Digital	Digital
Edition	Edition
Education	Maphunziro
Facts	Zochitika
Funding	Ndalama
Industry	Industry
Intellectual	Walundulu
Local	Malo
Network	Network
Newspapers	Magazini
Online	Pa Intaneti
Opinion	Maganizo
Photos	Zithunzi
Public	Anthu
Radio	Wayilesi
Television	Watv

Time
Nthawi

Annual	Chaaka
Before	M'Mbuyomu
Calendar	Kalenda
Century	Zaka Zaka
Clock	Wachi
Day	Tsiku
Decade	Decade
Early	Poyamba
Future	Tsogolo
Hour	Hour
Minute	Minute
Month	Mwezi
Morning	M'Mawa
Night	Usiku
Noon	Masiku
Now	Tsopano
Soon	Posachedwapa
Today	Lero
Week	Mlungu
Year	Chaka

Town
Town

Airport	Ndege
Bakery	Bakery
Bank	Bank
Bookstore	Mabuku
Cinema	Cinema
Clinic	Clinic
Florist	Florist
Gallery	Gallery
Hotel	Hotelo
Library	Laibulale
Market	Msika
Museum	Museum
Pharmacy	Pharmacy
School	Sukulu
Stadium	Stadium
Store	Store
Supermarket	Supamaketi
Theater	Semenero
University	Univesite
Zoo	Zoo

Universe
Chilengedwe

Asteroid	Asteroid
Astronomer	Wanyamata
Astronomy	Nyakuti
Atmosphere	Mtima
Celestial	Zamwamba
Darkness	Mdima
Equator	Equator
Galaxy	Galaxy
Hemisphere	Dziko Lapansi
Horizon	Horizon
Longitude	Longitude
Moon	Mwezi
Orbit	Malo
Sky	Sky
Solar	Solar
Solstice	Soolstice
Telescope	Telesikopu
Tilt	Tilt
Visible	Zooneka
Zodiac	Zodiac

Vacation #2
Tchuthi #2

Airport	Ndege
Beach	Beach
Camping	Nkambi
Destination	Komanso
Foreign	Wachinja
Foreigner	Wa Ntchito
Hotel	Hotelo
Island	Chiswa
Journey	Ulendo
Leisure	Zochita
Map	Map
Mountains	Mapiri
Passport	Passport
Restaurant	Restaurant
Sea	Nyanja
Taxi	Taxi
Tent	Tenta
Train	Phunzitsi
Transportation	Mayendedwe
Visa	Visa

Vegetables
Masamba

Artichoke	Atitchoku
Broccoli	Burokoli
Carrot	Karoti
Cauliflower	Kolifulawa
Celery	Selari
Cucumber	Mkhaka
Eggplant	Biringanya
Garlic	Adyo
Ginger	Ntchito
Mushroom	Bowa
Olive	Wazikuti
Onion	Anyezi
Parsley	Parsley
Pea	Pea
Pumpkin	Mazungu
Radish	Radishi
Salad	Salad
Spinach	Sipinachi
Tomato	Tomato
Turnip	Turnip

Vehicles
Magalimoto

Airplane	Ndege
Ambulance	Ambulansi
Bicycle	Njinga
Boat	Boat
Bus	Basi
Car	Galimoto
Caravan	Caravan
Engine	Engine
Ferry	Bwalo
Helicopter	Helikopita
Motor	Motor
Raft	Raft
Rocket	Rocket
Scooter	Scooter
Shuttle	Shuttle
Taxi	Taxi
Tires	Matayari
Tractor	Talakala
Train	Phunzitsi
Truck	Trick

Visual Arts
Zojambula Zojambula

Architecture	Architecture
Artist	Artist
Chalk	Chakuka
Charcoal	Makala
Clay	Dongo
Composition	Composition
Creativity	Kulenga
Easel	Easel
Film	Film
Masterpiece	Chaluso
Painting	Kupanda
Pen	Pen
Pencil	Pensi
Perspective	Kuona
Photograph	Zithunzi
Portrait	Chithunzi
Pottery	Ombimba
Sculpture	Chikongo
Stencil	Stencil
Wax	Wax

Water
Madzi

Canal	Ngano
Drinkable	Zomwetsa
Evaporation	Kufuka
Flood	Chigumula
Frost	Frost
Geyser	Geyser
Humidity	Chinyevu
Hurricane	Mkulu Wamkulu
Ice	Ice
Irrigation	Kuthirira
Lake	Nyanja
Moisture	Chinyewe
Monsoon	Monso
Rain	Mvula
River	Mtsinje
Shower	Shamba
Snow	Chisanu
Steam	Steam
Stream	Masamba
Waves	Mafunde

Weather
Nyengo

Atmosphere	Mtima
Calm	Dziwani Izi
Climate	Khalidwe
Cloud	Mtambo
Drought	Chilala
Dry	Yaumitsa
Fog	Ufungu
Hurricane	Mkulu Wamkulu
Ice	Ice
Lightning	Mvula
Monsoon	Monso
Polar	Polar
Rainbow	Utawaleza
Sky	Sky
Storm	Mphepo
Temperature	Kuchuluka
Thunder	Bingu
Tornado	Tornado
Tropical	Tropical
Wind	Mphepo

Congratulations

You made it!

We hope you enjoyed this book as much as we enjoyed making it. We do our best to make high quality games.
These puzzles are designed in a clever way for you to learn actively while having fun!

Did you love them?

A Simple Request

Our books exist thanks your reviews. Could you help us by leaving one now?

Here is a short link which will take you to your order review page:

BestBooksActivity.com/Review50

MONSTER CHALLENGE!

Challenge #1

Ready for Your Bonus Game? We use them all the time but they are not so easy to find. Here are **Synonyms**!

Note 5 words you discovered in each of the Puzzles noted below (#21, #36, #76) and try to find 2 synonyms for each word.

*Note 5 Words from **Puzzle 21***

Words	Synonym 1	Synonym 2

*Note 5 Words from **Puzzle 36***

Words	Synonym 1	Synonym 2

*Note 5 Words from **Puzzle 76***

Words	Synonym 1	Synonym 2

Challenge #2

Now that you are warmed-up, note 5 words you discovered in each Puzzle noted below (#9, #17, #25) and try to find 2 antonyms for each word. How many lines can you do in 20 minutes?

Note 5 Words from ***Puzzle 9***

Words	Antonym 1	Antonym 2

Note 5 Words from ***Puzzle 17***

Words	Antonym 1	Antonym 2

Note 5 Words from ***Puzzle 25***

Words	Antonym 1	Antonym 2

Challenge #3

Wonderful, this monster  challenge is nothing to you!

Ready for the last one? Choose your 10 favorite words discovered in any of the Puzzles and note them below.

1.	6.
2.	7.
3.	8.
4.	9.
5.	10.

Now, using these words and within a maximum of six sentences, your challenge is to compose a text about a person, animal or place that you love!

Tip: You can use the last blank page of this book as a draft!

Your Writing:

NOTEBOOK:

SEE YOU SOON!

Linguas Classics Team

www.ingramcontent.com/pod-product-compliance
Lightning Source LLC
LaVergne TN
LVHW060039210926
848481LV00013B/3907